reinhardt

Inklusiver Unterricht kompakt

Reinhard Markowetz

Schüler mit Autismus-Spektrum-Störung im inklusiven Unterricht

Praxistipps für Lehrkräfte

Mit 10 Abbildungen und 3 Tabellen

Mit einer Kopiervorlage als Online-Zusatzmaterial

Ernst Reinhardt Verlag München

Univ.-Prof. Dr. *Reinhard Markowetz* ist Inhaber des Lehrstuhls für Pädagogik bei geistiger Behinderung und Pädagogik bei Verhaltensstörungen an der Ludwig-Maximilians-Universität München.

Im Ernst Reinhardt Verlag ebenfalls erschienen:

Petra Breuer-Küppers/Rüdiger Bach
Schüler mit Lernbeeinträchtigungen im inklusiven Unterricht
(2016, ISBN: 978-3-497-02636-4)

Karin Terfloth/Henrike Cesak
Schüler mit geistiger Behinderung im inklusiven Unterricht
(2016, ISBN: 978-3-497-02635-7)

Claudia Omonsky
Schüler mit schwerer und mehrfacher Behinderung im inklusiven Unterricht
(2017, ISBN: 978-3-497-02679-1

Karin Reber/Wilma Schönauer-Schneider
Sprachförderung im inklusiven Unterricht
(2017, ISBN: 978-3-497-02714-9)

Petra Breuer-Küppers/Anna-Maria Hintz
Schüler mit herausforderndem Verhalten im inklusiven Unterricht
(2018, ISBN: 978-3-497-02815-3)

Markus Lang/Michael Thiele
Schüler mit Sehbehinderung und Blindheit im inklusiven Unterricht
(2., aktualisierte Aufl. 2020; ISBN: 978-3-497-02927-3)

Tilly Truckenbrodt/Annette Leonhardt
Schüler mit Hörschädigung im inklusiven Unterricht
(3., durchgesehene Aufl. 2020; ISBN: 978-3-497-02939-6)

Bibliografische Information der Deutschen Nationalbibliothek

Die Deutsche Nationalbibliothek verzeichnet diese Publikation in der Deutschen Nationalbibliografie; detaillierte bibliografische Daten sind im Internet über <http://dnb.d-nb.de> abrufbar.
ISBN 978-3-497-02944-0 (Print)
ISBN 978-3-497-61349-6 (PDF-E-Book)
ISBN 978-3-497-61350-2 (EPUB)
1. Auflage

Printed in EU
Cover: Agenturfoto. Mit Model gestellt © iStock.com/KatarzynaBialasiewicz
Satz: JÖRG KALIES – Satz, Layout, Grafik & Druck, Unterumbach

Ernst Reinhardt Verlag, Kemnatenstr. 46, D-80639 München
Net: www.reinhardt-verlag.de E-Mail: info@reinhardt-verlag.de

Inhalt

Vorwort

Lehrkräfte an Regelschulen stehen vor der Herausforderung, Schüler mit einem sonderpädagogischen Förderbedarf u.a. im Bereich ihrer emotionalen und sozialen Entwicklung zu inkludieren und angemessen am Unterricht teilhaben zu lassen, auch Schüler mit einer Autismus-Spektrum-Störung. Der Anteil von Menschen mit einer autistischen Störung wird weltweit mit mindestens 1% angegeben (Vllasaliu et al. 2018).

Aufbau des Buches

Das vorliegende Buch soll als Unterstützung für Lehrkräfte an Regelschulen dienen, die für Schüler mit Autismus-Spektrum-Störung, ihre Mitschüler und sich selbst einen gewinnbringenden Schulalltag gestalten und eine qualitativ hochwertige Bildung für alle entwickeln wollen. Neben Hintergrundinformationen zu Ursachen, möglicherweise auftretenden Verhaltensweisen, Krisen und Spannungen in Schule und Unterricht, werden zahlreiche Praxishinweise zur Unterrichtsgestaltung, Materialtipps und Informationen zur Förderdiagnostik und Förderplanung gegeben sowie Nachteilsausgleiche und Kooperationsmöglichkeiten mit Fachdiensten sowie Eltern/Familie aufgezeigt.

Gendern

Der vorliegende Band verwendet stets die männliche Form und Schreibweise, wobei selbstverständlich stets alle Geschlechter gleichermaßen gemeint sind.

Am Ende der jeweiligen Kapitel finden sich kurze Memos zur schnellen Übersicht. Zur Orientierung werden folgende **Symbole** verwendet:

 Online-Zusatzmaterial

 Empfehlungen

 Merke!

 Weiterführende Informationen

Das Online-Zusatzmaterial können Sie auf der Homepage des Ernst Reinhardt Verlags bei der Darstellung dieses Buches herunterladen: www.reinhardt-verlag.de

1 Autismus-Spektrum-Störungen

Der Anteil von Menschen mit einer autistischen Störung wird weltweit mit 1% angegeben und bis zu 3% geschätzt. Doch was genau wird unter einer Autismus-Spektrum-Störung verstanden, welche Erscheinungsformen gibt es und wie lässt sich dieses Störungsbild von anderen abgrenzen (-> 1.1)?

Wie häufig treten Autismus-Spektrum-Störungen auf, nach welchen Kriterien können sie von Medizinern diagnostiziert (-> 1.2) und in welches übergreifende Störungsbild eingeordnet werden?

Neben Verzögerungen und/oder Störungen der Sprachentwicklung und ggf. auftretenden Einschränkungen im Kommunikationsverhalten, können bei Menschen mit Autismus-Spektrum-Störungen (ASS) Beeinträchtigungen der sozialen Interaktion (z.B. in der Fähigkeit, Gefühle, Absichten und Vorstellungen zu erkennen) und/oder ein eingeschränktes Interesse und stereotype Verhaltensweisen (Zwänge, Rituale etc.) vorliegen. Zum Verstehen der Verhaltensweisen von Schülern mit ASS helfen Theorien, die die Entstehung und die Ursachen von Autismus zu erklären versuchen (-> 1.3).

Aus Sicht vieler Betroffener ist Autismus weder eine Krankheit noch per se eine psychische Störung, sondern eine neurologische Variation des menschlichen Seins. Für den pädagogisch wertschätzenden Umgang ist es hilfreich, wenn Lehrkräfte sich mit der stark defizitorientierten Auffassung von Autismus als Störung auseinandersetzen und ihr Menschenbild kritisch reflektieren (-> 1.4).

1.1 Definition und Erscheinungsformen

Autismus ist eine komplexe neurologische Entwicklungsstörung, insbesondere eine Störung der Informations- und Wahrnehmungsverarbeitung, die sich auf die Entwicklung der sozialen Interaktion, der Kommunikation und des Verhaltens individuell sehr unterschiedlich auswirkt (autismus Deutschland e.V. 2019a).

Autismus hat viele Gesichter! Deshalb spricht man heute statt von Autismus zutreffender von einer Autismus-Spektrum-Störung (ASS) als Oberbegriff für das gesamte, breite Spektrum autistischer Störungen mit diversem Ausprägungsgrad der Symptome. Innerhalb dieses Spektrums liegen schwerwiegende Formen, einhergehend mit geistigen Behinderungen, fehlender Sprachentwicklung und herausfordernden Verhaltensweisen, aber auch solche mit durchschnittlicher bis überdurchschnittlicher Begabung und guten bis sehr guten spachlichen Fähigkeiten bis hin zu außergewöhnlichen Inselbegabungen, auch Savant-Syndrom genannt.

Autismus-Spektrum-Störungen werden als medizinische Diagnosen definiert und gelten als tiefgreifende Entwicklungsstörungen. Drei Grundformen können unterschieden werden: frühkindlicher Autismus, Asperger-Autismus und atypischer Autismus (Abb. 1). Die Diagnose wird von Ärzten – hauptsächlich von Fachärzten für Kinder- und Jugendmedizin sowie spezialisierten Fachärzten aus dem Bereich der Kinder- und Jugendpsychiatrie – gestellt. Richtungsweisend sind dazu die medizinischen Leitlinien zur Diagnostik von Autismus-Spektrum-Störungen im Kindes-, Jugend- und Erwachsenenalter der Deutschen Gesellschaft für Kinder- und Jugendpsychiatrie, Psychosomatik und Psychotherapie (DGKJP 2016). Schüler, die Lehrkräfte durch ihr Verhalten besonders herausfordern und dauerhaft stark belasten, werden leider oft ohne Diagnose als „Autisten“ gelabelt. Hier sollten Lehrkräfte besonders verantwortungsbewusst mit der Interpretation ihrer Beobachtungen umgehen, auch um solche Schüler vor Stigmatisierungen und Mobbing durch Mitschüler zu schützen.

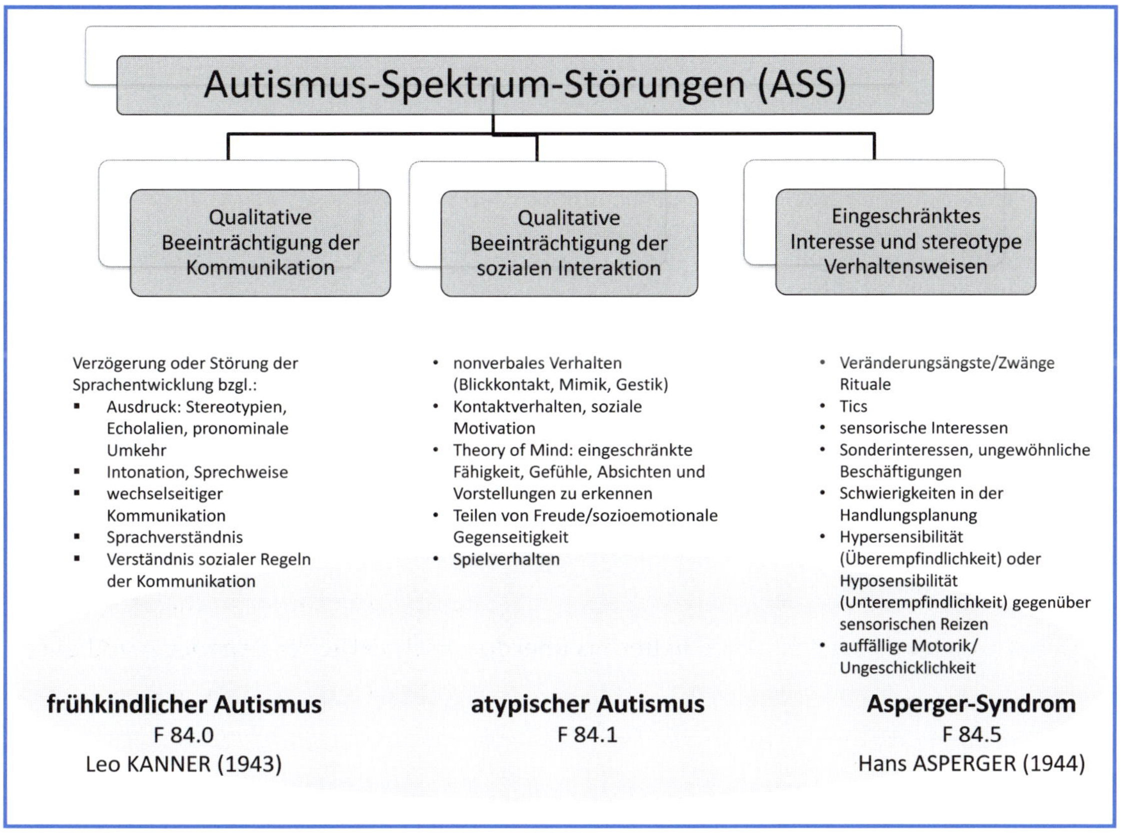

Abb. 1: Übersicht Autismus-Spektrum-Störungen (Amorosa 2010)

Begriffsbestimmung

Der Begriff Autismus setzt sich aus dem griechischen Pronomen *autos* (selbst) und der griechischen Nachsilbe *ismos* (Zustand/Orientierung) zusammen. Der Schweizer Psychiater Eugen Bleuler erwähnte Autismus in seinen Schriften erstmalig 1911 als einen medizinischen Fachbegriff, und beschrieb ihn als eine besonders ausgeprägte Form der Zurückgezogenheit in die innere Welt der Gedanken (Bleuler 1911).

frühkindlicher Autismus

Als Grundform aller Klassifikationen bzw. Diagnosen aus dem autistischen Spektrum gilt der frühkindliche Autismus. Weitere Typen, wie das Asperger-Syndrom oder der atypische Autismus, weisen Überschneidungen in den Symptomen mit dem frühkindlichen Autismus auf.

Wie die Bezeichnung „frühkindlicher Autismus" andeutet, beziehen sich Verhaltensauffälligkeiten in Bereichen der sozialen Interaktion, der Kommunikation, der Sprachentwicklung ebenso wie repetitive Verhaltensweisen und das Ausbleiben symbolischen Spielens auf ihren frühen Beginn (Amorosa 2017).

Asperger-Syndrom

Insbesondere eine ausgeprägte Kommunikations- und Kontaktstörung sind charakteristisch für Kinder und Jugendliche mit Asperger-Syndrom. Im Gegensatz zum frühkindlichen Autismus liegen allerdings keine frühen Sprachentwicklungsstörungen oder kognitive Beeinträchtigungen vor (Remschmidt/Kamp-Becker 2007). Kognitiv liegen Kinder und Jugendliche mit Asperger-Syndrom im Rahmen der intellektuellen Normalbegabung.

Einige zeigen spezielle Teilbegabungen, z.B. außergewöhnliche Gedächtnisleistungen (komplexe Fahrpläne, Kalenderberechnungen usw.), in der Musikalität oder beim Zeichnen. Sie verfügen über sogenannte Inselbegabungen und können in einem Kompetenzbereich besondere und weit über ihrem sonstigen Fähigkeitsniveau liegende Fähigkeiten aufweisen, während sie in anderen Bereichen – etwa bei der Bewältigung ihres Alltags – erheblich eingeschränkt sind.

atypischer Autismus

Das Alter der Erstmanifestation liegt – anders als beim frühkindlichen Autismus – nach dem dritten Lebensjahr des Kindes. Oftmals zeigen Kinder und Jugendliche mit atypischem Autismus nur einige Symptome innerhalb der drei Kernbereiche (qualitative Beeinträchtigung der sozialen Interaktion, qualitative Beeinträchtigung der Kommunikation, repetitive/stereotype Verhaltensweisen) und weisen somit keine vollständige Symptomatik auf. Kognitive Einschränkungen liegen vor (Remschmidt/Kamp-Becker 2007).

komorbide Störungen

Auch bei anderen Syndromen, Krankheiten oder Behinderungen können autistische Verhaltensweisen auftreten, die schwer von Autismus abzugrenzen, differentialdiagnostisch allerdings abzuklären und von der Diagnose Autismus streng zu separieren sind. Eine Reihe von Störungen, wie beispielsweise ADHS, Bindungsstörungen, Zwangserkrankungen und Persönlichkeitsstörungen, aber auch Krankheiten und Behinderungen, wie Magersucht, Mutismus, Stummheit, Aphasie und Hörbehinderungen, können eine Rolle spielen. Weiterhin können Syndrome wie das Angelman-Syndrom, das Fragile-X-Syndrom, das Heller-Syndrom, das Rett-Syndrom oder das Urbach-Wiethe-Syndrom mit „autistischen Verhaltensweisen“ einhergehen, ebenso wie psychischer Hospitalismus, Kindesmisshandlung, Traumatisierungen und Verwahrlosung. Das autistische Verhalten verschwindet in solchen Fällen mit der Verbesserung widriger Umstände bzw. durch Therapien, während Autismus von Geburt an besteht und bislang nicht heilbar ist. Hinzuzufügen ist, dass Menschen mit Autismus-Spektrum-Störungen – wie alle Menschen – zusätzlich und jederzeit erkranken, verunfallen oder andere Gesundheitsbeeinträchtigungen erfahren können.

1.2 Prävalenz und Diagnostik

Prävalenz

Folgt man den Studien zur Prävalenz von Autismus, ist man lange davon ausgegangen, dass der Anteil von Kindern mit Autismus-Spektrum-Störungen in der Bundesrepublik Deutschland 0,04–0,05% beträgt. Das bedeutet, dass 4 bis 5 von 10.000 Kindern betroffen sind (Neurologen und Psychiater im Netz 2019). Die Dunkelziffer dürfte aber deutlich höher liegen, da es aus datenschutzrechtlichen und organisatorischen Gründen keine zentrale Erfassung und damit verlässliche Statistik gibt. Auch wenn für Deutschland keine verlässlichen Zahlen vorliegen, wird gegenwärtig ein Anteil an der Gesamtbevölkerung mit 0,6–1% angenommen. Expertenschätzungen zufolge kommen weltweit auf

10.000 Menschen zehn Menschen mit Autismus-Spektrum-Störung, was auf internationaler Ebene einen Anteil von 1% an der Gesamtbevölkerung ausmacht (Vllasaliu et al. 2018). In manchen Statistiken (AWMF 2016) lassen sich Prävalenzraten von 3% finden, die suggerieren, dass der Anteil von Menschen mit ASS in der Bevölkerung zunimmt. Als Gründe dafür sind zu nennen: eine größere Sensibilität in der Bevölkerung, die genaueren Instrumente zur Erfassung von Verhaltensweisen im Autismus-Spektrum, die Abnahme von Fehldiagnosen, der soziale Wandel mit erbbiologischen Folgen (z.B. höheres Alter von Frauen bei der Geburt), das Abklärungsinteresse von Eltern und die nachträgliche Diagnostizierung bei Personen aus sozial benachteiligten Milieus.

Die Angaben in Tab. 1 beziehen sich auf Untersuchungen in Europa, Kanada und den USA. Im Hinblick auf die Geschlechterverteilung sind Jungen deutlich überrepräsentiert.

Tab. 1: Häufigkeit von Autismus-Spektrum-Störungen (autismus Deutschland e.V. 2019a)

Häufigkeit von Autismus-Spektrum-Störungen	Anteil der Menschen mit ASS an 1000 Personen	Anteil an der Gesamtbevölkerung in Prozent
alle Autismus-Spektrum-Störungen	6 – 7 pro 1000	0,6% – 0,7%
frühkindlicher Autismus	1,3 – 2,2 pro 1000	0,13% – 0,22%
Asperger-Autismus	1 – 3 pro 1000	0,1% – 0,3%
andere tiefgreifende Entwicklungsstörungen	3,3 pro 1000	0,33 %

Errechnet man ausgehend von rund 81,3 Millionen in Deutschland lebenden Menschen die absolute Zahl der Menschen mit ASS, müsste es schätzungsweise zwischen 400.000 und 800.000 Menschen mit Autismus geben. In der Bevölkerung sind mehr Menschen von Autismus betroffen als etwa von Sehbehinderungen und Blindheit oder von Hörschädigungen und Taubheit.

Um immer über aktuelle Erkenntnisse, Prävalenzraten und Hintergründe von Autismusstörungen informiert zu sein, empfiehlt es sich, themenspezifische Tagungen, Kongresse oder Schulungen zu besuchen. Die Wissenschaftliche Gesellschaft Autismus-Spektrum (WGAS) bietet hierzu einschlägige Veranstaltungen an, die unter http://wgas-autismus.org/de einsehbar sind. Darüber hinaus ist es sinnvoll und arbeitserleichternd, sich mit Experten auf diesem Gebiet auszutauschen und sich ein Netzwerk aus Sonderpädagogen, Ambulanzen, Psychologen, Fachberatern, Regionalverbänden etc. aufzubauen (-> 4).

ICD-10

Wurde Autismus früher als ein grundlegendes Krankheitszeichen der Schizophrenie und eine besonders ausgeprägte Form der Zurückgezogenheit beschrieben, so hat sich das Verständnis heute deutlich gewandelt. Für die möglichst exakte und weltweit einheitliche Bestimmung und Einordnung von Autismus-Spektrum-Störungen spielen zwei Klassifikationssysteme eine Rolle. In der aktuell zehnten Ausgabe der „Internationalen statistischen Klassifikation der Krankheiten und verwandten Gesundheitsprobleme“, kurz

ICD-10, der Weltgesundheitsorganisation (WHO), werden autistische Störungen unter den tiefgreifenden Entwicklungsstörungen aufgeführt. Dabei werden sie als voneinander abgrenzbare Subgruppen aufgefasst und autistische Verhaltensweisen in drei Kernbereiche gegliedert. Zu den typischen Merkmalen zählen qualitative Beeinträchtigungen in der zwischenmenschlichen Interaktion, qualitative Auffälligkeiten in der Kommunikation sowie ein eingeschränktes, stereotypes, sich wiederholendes Repertoire von Interessen und Aktivitäten. In Kapitel V der ICD-10 werden unter den Forschungskriterien F84 tiefgreifende Entwicklungsstörungen benannt (Abb. 2) (DIMDI 2018).

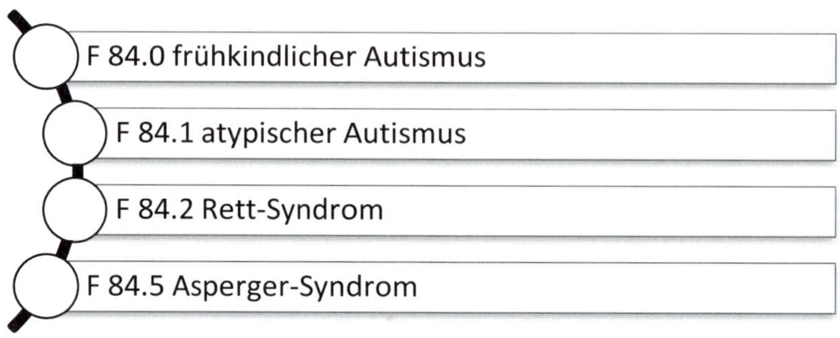

Abb. 2: Tiefgreifende Entwicklungsstörungen nach ICD-10

Anhand von jeweils umfänglichen Leitsymptomen und differenzierten Kriterien werden diese Störungen beschrieben, denen diagnostisch nachzuspüren ist, um letztlich eine klare Zuordnung leisten und eine gesicherte Diagnose stellen zu können. Inzwischen wird davon ausgegangen, dass es fließende Übergänge zwischen den verschiedenen Formen des Autismus gibt und eine eindeutige kategoriale Zuweisung zu einem einzelnen Subtyp schwierig ist.

DSM-V Seit 2013 unterscheidet das nationale Klassifikationssystem DSM-V (Diagnostic and Statistical Manual of Mental Disorders) der USA autistische Störungen nicht mehr in Subkategorien, sondern begreift eine Autismus-Spektrum-Störung als einen Zustand mit unterschiedlichem Ausprägungsgrad diagnostizierbarer Symptome. Eine Autismus-Spektrum-Störung wird den Störungen der neuronalen und mentalen Entwicklung zugeordnet. Dort werden die diagnostischen Kriterien für das Rett-Syndrom, für kindliche desintegrative Störungen und für die autistischen Störungen beschrieben. Diese sind nahezu identisch mit den Angaben der ICD-10 (APA 2013).

ICD-11 Die ICD-11, wie sie als Entwurf am 18.06.2018 offiziell von der WHO in Genf vorgestellt wurde, folgt dem Trend des DSM- V. Die ICD-11 spricht nun ebenfalls von der "Autismus-Spektrum-Störung", eingeordnet unter „Psychische und Verhaltensstörungen" in der Kategorie „Neurologische Entwicklungsstörungen". Im Entwurf der ICD-11 werden insgesamt sechs grundlegende Störungen genannt, die dahingehend unterschieden werden können, ob sie mit oder ohne Verlust der zuvor erworbenen Fähigkeiten einhergehen, so dass zukünftig nach der ICD-11 wohl insgesamt zwölf unterschiedliche Diagnosen das Autismus-Spektrum bestimmen dürften (Amorosa 2017) (Tab. 2).

Tab. 2: Diagnosen von Autismus-Spektrum-Störungen im Entwurf der ICD-11

Autismus-Spektrum-Störung	**mit Verlust zuvor erworbener Fähigkeiten**	**ohne Verlust zuvor erworbener Fähigkeiten**
1. ohne Störung der kognitiven Entwicklung und mit milder oder ohne sprachliche Beeinträchtigung der funktionalen Sprache		
2. mit Störung der kognitiven Entwicklung und mit milder oder ohne sprachliche Beeinträchtigung der funktionalen Sprache		
3. ohne Störung der kognitiven Entwicklung und mit beeinträchtigter funktionaler Sprache		
4. mit Störung der kognitiven Entwicklung und mit beeinträchtigter funktionaler Sprache		
5. ohne Störung der kognitiven Entwicklung und dem Fehlen von funktionaler Sprache		
6. mit Störung der kognitiven Entwicklung und dem Fehlen von funktionaler Sprache		

Weiterführende bzw. immer aktuelle Informationen zu den Entwürfen der WHO bis zur offiziellen Einführung der ICD-11 können unter https://www.dimdi.de/dynamic/de/klassifikationen/icd/icd-11/ eingesehen werden.

1.3 Auswirkungen von ASS auf das Verhalten

Ursachen

Zum Verstehen der Verhaltensweisen von Schülern mit Autismus-Spektrum-Störung helfen Theorien, die die Entstehung und die Ursachen von Autismus zu erklären versuchen. ASS wurden lange Zeit nicht auf eine allgemeingültige Ursache allein zurückgeführt. Zur wissenschaftlichen Erklärung der prozessual-dynamischen Entstehung, Entwicklung und Aufrechterhaltung von ASS wurden verschiedene Ansätze diskutiert (Bölte 2009; Freitag et al. 2017; Remschmidt 2012; Noterdaeme et al. 2017) (Tab. 3). „Heute besteht Konsens darüber, dass dem frühkindlichen Autismus bzw. den Autismus-Spektrum-Störungen neurobiologische Ursachen zugrunde gelegt werden müssen“ (AWMF 2016, 12).

Tab. 3: Ansätze und Theorien zur Erklärung der Entstehung von ASS

Erklärungsansätze	Ausgangslage	Beispiel
Neurobiologische Erklärungsansätze betonen biologische Faktoren. Erbliche Faktoren gelten als Hauptursache für Autismus-Spektrum-Störungen.	Zusammenspiel von Genen und Einflussfaktoren vor, während und nach der Geburt	Alter der Eltern, Infektionskrankheiten der Mutter, Frühgeburtlichkeit
	erhöhtes Risiko bei Chromosomstörungen, zytogenetischen Mutationen sowie chromosomalen Mikrodeletionen	
	erhöhtes Risiko bei Vorliegen eines genetischen Syndroms und	Fragiles-X-Syndrom, Rett-Syndrom, Angelmann-Syndrom, Prader-Willi-Syndrom
	monogenen Erkrankungen	tuberöse Hirnsklerose
	weitere mögliche Ursachen: u.a. Größe, Schichtung und Lage von Nervenzellen; Stoffwechselstörungen; körpereigene biochemische Dysfunktionen	
Psychosoziale Erklärungsansätze betonen den Einfluss der sozialen Umwelt – insbesondere der primären Bezugspersonen – bei der Bewältigung von Entwicklungsaufgaben.	Einfluss der sozialen Umwelt auf die neuronale Reifung und Ausdifferenzierung des Gehirns und die Bewältigung der Entwicklungsaufgaben	Eltern bzw. primäre Bezugspersonen
	Wichtigkeit der Eltern-Kind-Beziehung, Interaktion und Kommunikation bei frühen Auseinandersetzungs-, Regulations-, Anpassungs- und Differenzierungsprozessen	‚Entwicklungshelfer' beim Erwachsen des Ich-Bewusstseins und der Fähigkeit, sich selbst im Spiegel zu erkennen sowie Autonomie zu erlangen
Die Theorie des Selbstkonzepts geht davon aus, dass Fremd- und Selbstwahrnehmung die Identitätsentwicklung beeinflussen.	Soziale Erfahrungen und Beziehungen und die damit einhergehenden Rückmeldungen von anderen bestimmen das Selbst mit und führen zur Entwicklung einer Identität.	Desinteresse an der Fremd- sowie Selbstwahrnehmung bzw. Unfähigkeit, bestimmte Sinneseindrücke und Informationen zu verarbeiten

Nicht zuletzt sind gerade für Lehrpersonen im Hinblick auf die Organisation und didaktische Gestaltung des Unterrichts in einer inklusiven Schule psychologische Theorien von hohem Erklärungswert. Diese betrachten eine Autismus-Spektrum-Störung als eine Wahrnehmungs- und Informationsverarbeitungsstörung sowie als eine affektiv-soziale Störung. Die Konzepte der Theory of Mind und der exekutiven Funktion und der Mangel an zentraler Kohärenz können zum Verstehen beitragen, und zugleich wird das Problem der beeinträchtigten Entwicklung des Selbst nicht außer Acht gelassen.

Reizverarbeitung

Schüler mit ASS sind in ihrer Wahrnehmungsfähigkeit nicht beeinträchtigt, aber sie haben Probleme bei der Weiterverarbeitung wahrgenommener Reize. Auf bestimmte Reize wie Gerüche, Geräusche, Licht, Körperkontakt oder Bewegungen reagieren sie mehr oder weniger stark als der Durchschnitt. Solch grundlegende Wahrnehmungen können von ihnen oftmals nicht in größere Zusammenhänge integriert und koordiniert werden. Vieles, was wahrgenommen wird, macht für sie deshalb keinen Sinn und bleibt bedeutungslos, wenngleich die Wahrnehmungen von positiven oder negativen Empfindungen begleitet sind und sehr individuell ungewöhnlich starke Zuwendung oder heftige, oft panische Vermeidungsreaktionen hervorrufen können.

affektiv-soziale Störung

Für die soziale Kontaktaufnahme und einen geregelten sozialen Verkehr ist das Erkennen, Beachten und Verstehen des emotionalen Ausdrucks anderer Menschen von großer Bedeutung. Schüler mit ASS erkennen oftmals nicht gut, wie andere Menschen emotional gestimmt sind. Emotionale Signale, wie Mimik, Gestik, Stimme und Körperhaltung, einfache Emotionen, wie Freude, Trauer oder Wut, sowie komplexere Emotionen, wie Stolz, Scham oder Überraschung, werden nicht ganzheitlich-gestalthaft, sondern eher als eine Unmenge von Details erkannt, die nicht zusammengesetzt und deshalb nicht beachtet werden können. Solche affektiv-sozialen Störungen können enorme Auswirkungen auf das sozial-interaktive Geschehen in Schule und Unterricht und das Schließen von Freundschaften haben.

> Schülern mit ASS fällt es oftmals schwer, wahrgenommene Reize zu verarbeiten und Emotionen richtig einzuordnen.

kognitive Theorien

Menschen mit ASS nehmen die Welt anders wahr. Drei kognitive Theorien haben zur Erforschung des Autismus ganz wesentlich beigetragen: Theory of Mind, exekutive Funktion und zentrale Kohärenz (Abb. 3) (Noterdame et al. 2017, 129ff).

Theory of Mind

Die Theory of Mind (ToM) geht davon aus, dass sich Schüler mit ASS in geringem Maße oder gar nicht vorstellen können, dass andere Menschen absichtsvoll handeln, sich Gedanken machen, Gefühle haben, etwas wissen oder nicht wissen. Sie können sich nicht ausreichend in sie hineinversetzen, die Perspektive des Gegenübers einnehmen und können die mentalen Vorgänge anderer Menschen nicht nachvollziehen. Solche Mentalisierungsprobleme führen zu Defiziten im sozialen Gehirn, das für einen erfolgreichen Ablauf sozialer Interaktionen wichtig ist. Schüler mit ASS sind – in unterschiedlichen Ausprägungsgraden – in ihren Wahrnehmungen eingeschränkt, die sie zu Einfühlungsvermögen und Beurteilungen befähigen würden und es ihnen zudem ermöglichen würden, fremdes und eigenes Verhalten und Erleben (Absichten, Ideen, Gefühle, Gedanken, Wünsche) zu erkennen, zu verstehen, vorherzusagen und zu kommunizieren. Schülern mit ASS fehlt ein soziales Verständnis und sie sind weitgehend nicht in der Lage, zu lügen und zu täuschen.

exekutive Funktion

Der Begriff exekutive Funktion beschreibt eine vom Frontalhirn gesteuerte kognitive Leistung, die das eigene Handeln kontrolliert. Viele Schüler mit ASS verfügen über eingeschränkte planerische Fähigkeiten, um Ziele anzugehen und zu erreichen. Zudem fällt es ihnen meist schwer, vorauszuschauen, sich in solchen Prozessen selbst zu beobachten, sich flexibel zu organisieren und störende Einflüsse auszublenden, um ergebnisorientiert zu handeln. Stattdessen kann es bei manchen Schülern mit ASS scheinen, als klebten sie beharrlich an Gegenständen, Abläufen und Situationen fest. Einige zeigen starre, nur wenig flexible Verhaltensweisen, und lassen oftmals keine Anpassungs- und Veränderungsbereitschaft erkennen. Ändern sich äußere Bedingungen, erstarren sie mehr oder weniger, auch und insbesondere in sozialen Interaktionen.

zentrale Kohärenz

Schüler mit ASS wenden bei der Verarbeitung von Reizen ggf. lokale Strategien an, erkennen dadurch lediglich einzelne Variablen bzw. Bruchstücke und stellen ihre Wahrnehmungen nicht in einen größeren, sinnstiftenden Kontext. Dann reduzieren sie komplexe Situationen auf wenige Elemente und zergliedern sie in Details, bei denen sie verhaften und stecken bleiben. Einen großen Buchstaben „H" zum Beispiel, der an der Tafel aus unzählig vielen kleinen Buchstaben gebildet wurde, können Schüler mit ASS deshalb oftmals nicht als Ganzes erkennen. Fehlt diese Fähigkeit der zielführenden Verarbeitung der Einzelmerkmale, spricht man von einem Mangel an zentraler Kohärenz.

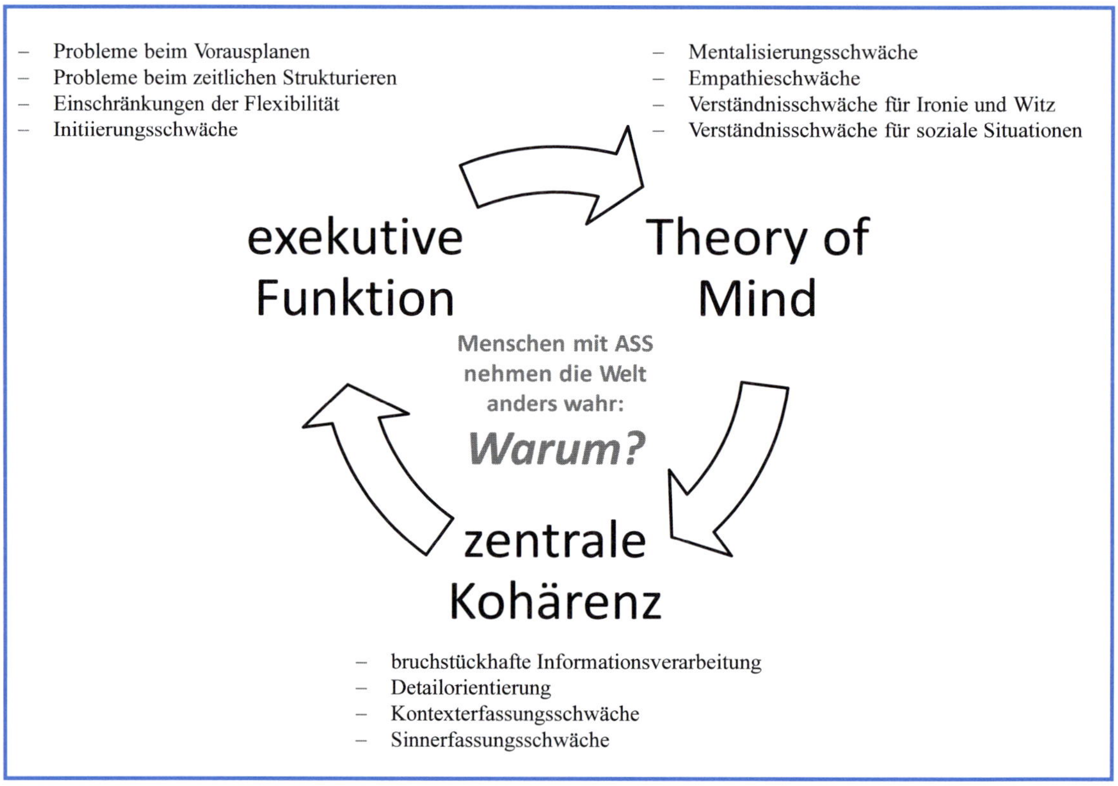

Abb. 3: Theory of Mind, exekutive Funktion und zentrale Kohärenz

1.4 Betroffenenperspektive und positives Menschenbild

Kritik an der Defizitorientierung

Aus Sicht vieler Betroffener ist Autismus keine neurologische Entwicklungsstörung, auch keine Krankheit und per se keine psychische Störung, sondern eine ganz normale Form des menschlichen So-Seins und aus Sicht der Neurodiversität (Theunissen et al. 2014; Theunissen 2016; Theunissen/Sagrauske 2019) das Resultat der breiten Palette an Möglichkeiten, wie das menschliche Gehirn sich in einem Menschen entwickelt und sein Wahrnehmen, Denken und Handeln bestimmt.

Die klassische Beschreibung und herkömmliche Betrachtung von Autismus als tiefgreifende Entwicklungsstörung, wie sie ihren Ausdruck in den Klassifikationssystemen der Medizin und Psychiatrie (-> 1.2) findet, um Autismus als eine Störung zu definieren, wird von Betroffenen kritisch gesehen. Sie bemängeln, dass sie als passive Subjekte lediglich von außen beobachtet werden, während die Innensicht und die umfänglichen Erfahrungen von Menschen mit ASS sowohl im Zusammenleben und -handeln der Menschen als auch bei der Aneignung der Welt unberücksichtigt bleiben.

soziale Reaktionen auf autistisches Verhalten

Immer wieder berichten Menschen mit Autismus, dass sie nicht unter ihrem Autismus an sich leiden, sondern vielmehr die psychischen Begleiterscheinungen und insbesondere die sozialen Reaktionen ihres Umfeldes auf ihr Verhalten und ihr So-Sein sie stark belasten. In unserer Gesellschaft sind Menschen mit Autismus Träger eines hohen Diskriminierungsrisikos. Durch ihr Verhalten, das selbst von professionellen Experten bisweilen schwer oder gar nicht verstanden wird und oftmals als Provakation oder absichtsvoller Verstoß gegen gesellschaftliche Normen und Werte aufgefasst wird, geben sie bisweilen Anlass zu Vorurteilen und Stigmatisierungen. Die defizitäre Betrachtung und negative Beurteilung ihres Verhaltens als normabweichend und die Charakterisierung ihrer Interessen als restriktiv führen nicht selten zu Mobbing, Spott, Hänseleien, Anfeindungen, Aggressionen, Interaktionsstörungen, Scheinakzeptanz, letzlich zur Ablehnung und Ausgrenzung.

Mangelndes Zutrauen, Ignoranz individueller Fähigkeiten sowie Fehleinschätzungen von Stärken, die Unfähigkeit, spezielle Ressourcen zu erkennen, und mangelnde Ideen, wie vorhandene Kompetenzen autismussensibel gefördert werden könnten, sind weitere soziale Reaktionen, die sich besonders negativ auf eine chancengleiche Bildung auswirken.

Anerkennung des individuellen autistischen Seins

Menschen aus dem Autismus-Spektrum fordern deshalb die fundamentale Abkehr des defizitären Wahrnehmens und Denkens, des psychopathologischen Beurteilens und des medizinisch-kurativen Behandelns und reklamieren dafür eine kollaborative, demokratische Partizipation im Sinne gleichberechtigter Mitbestimmung, Mitsprache und Mitgestaltung. Sie wünschen sich die vorbehaltlose Anerkennung neurologischer Variationen, die Autismus als eine „developmental disability“ klassifiziert, inbesondere im Hinblick auf:

- ihre Besonderheiten in den verschiedensten Wahrnehmungsbereichen,
- ihr vielen Menschen unüblich erscheinendes Lernverhalten und autismusstypisches Problemlösungsverhalten,
- ihr stark fokussierendes Denken,
- ihre Spezialinteressen,
- ihre atypischen, auch repetitiven Bewegungsmuster,
- ihr Bedürfnis nach Ritualen, Beständigkeiten, Routinen und Ordnungen,
- ihre Schwierigkeiten beim Verstehen verbaler und non-verbaler Sprache,
- ihre Schwierigkeiten beim Verstehen und Einordnen sozialer Interaktionen und dessen, was wir über typische soziale Interaktionen im sozialen Verkehr zum Ausdruck bringen,
- ihre emotionalen Besonderheiten und Probleme beim Verstehen und Einordnen dessen, was wir emotional in der nicht-autistischen Welt vielfältig zum Ausdruck bringen.

Autismus als eine Art des Seins

Für Menschen mit Autismus, die sich über ihre Netzwerke selbst vertreten (z.B.“ autistic self advocacy network“ unter https://autisticadvocacy.org) ist Autismus als neurologische Variation eine Form menschlichen Seins, die anderen Formen gleichgestellt ist. Neurobiologische Unterschiede werden als menschliche Dispositionen gesehen, atypische neurologische Entwicklungen und Reifungen des Gehirns als natürliche menschliche Unterschiede eingeordnet und respektiert. Autistisches Sein bzw. Verhalten wird als natürliche Form der menschlichen Diversität gesehen, als Erscheinungsform sozialer Vielfalt, wobei es innerhalb des autistischen Spektrums sehr unterschiedliche Ausprägungen geben kann. Statt von Autismus-Spektrum-Störungen sprechen Betroffene deshalb lieber nur noch von einem Autismus-Spektrum und bezeichnen sich selbst schlicht als Autisten. Sie wollen nicht (länger) als Menschen zweiter Klasse gesehen und disqualifiziert werden, sondern sich als Experten in eigener Sache selbstbewusst selbst vertreten und in emanzipatorischer Absicht erreichen, dass nichts, was sie und ihr Leben mit Autismus betrifft, ohne sie entschieden wird und sie zu einseitigen Anpassungsleistungen an das Funktionieren in der nicht-autistischen Welt zwingt.

Konsequenzen

Diese Sichtweise nach dem Ansatz der Neurodiversität und als Ausdruck der anhaltenden Empowermentbewegung bleibt nicht ohne Konsequenzen für das professionelle pädagogische Handeln (Theunissen 2016; Theunissen/Sagrauske 2019). Gerade Pädagogen sollten Menschen mit Autismus deshalb nicht länger als „gestört“ labeln, nach dem medizinischen Modell (Cloerkes 2007) an ihren Defekten, Defiziten und ihrem Fehlverhalten messen, sondern sie respektvoll so akzeptieren wie sie eben sind. Statt ihnen Schwächen, Fehler, Versagen und Inkompetenz zu unterstellen und ihnen als „Mängelwesen" zu begegnen, die auf Hilfe angewiesen und deshalb in kompensatorischer Absicht zu behandeln und zu normalisieren sind, gilt es eine Stärkenperspektive einzunehmen, die es Lehrkräften möglich macht, Autisten neu zu denken und ein positiv besetztes Menschenbild zu entwerfen.

positive Pädagogik

Eine positive Pädagogik begegnet dem Anderen, dem Fremden im Menschen grundsätzlich offen, wertschätzend und ganzheitlich. Sie vertraut vorbehaltlos den individuellen Ressourcen und Entwicklungspotentialen des Gegenübers und entdeckt im Dialog mit ihm Fähigkeiten, Talente, Begabungen und auch Tugenden, wie z.B. Humor, Zuverlässigkeit, Loyalität, Konzentratiosfähigkeit, Kreativität, Ehrlichkeit, Exaktheit, Liebe zum Detail. Dies können entscheidende Wirkvariablen für das Erleben von Lebensqualität und wichtige Einflussfaktoren auf das Wohlbefinden, die Zufriedenheit und Gesundheit sein. Sie dienen als fundamentale Ausgangslage für das Gelingen von Lern-, Bildungs- und Entwicklungsprozessen. Ein solcher Perspektivenwechsel weg von der Defizitorientierung hin zur Kompetenz- und Ressourcenorientierung führt zu positiven Attribuierungen, sorgt für Wertschätzung und Anerkennung und stiftet Identität. Das schafft Gemeinschaft, ebnet den Weg in die gesellschaftlichen Sozialräume, befördert Teilhabe und Inklusion und mündet in ein positives Menschenbild, das am Ende seinen Ausdruck u.a. auch in der Sprache findet. Statt hoffnungslose Fälle, schwierige, bildungsunfähige und austherapierte Fremde sind Kinder und Jugendliche mit Autismus plötzlich Information suchende und Lösungen findende Strategen, lernende und sich entwickelnde Subjekte, denen Respekt vor ihrem individuellen Sein (Diversität) entgegengebracht wird und die deshalb für ein Leben und Lernen mit Autismus in Schule und Unterricht von Lehrkräften professionell unterstützt werden. Beispiele für autismussensible Maßnahmen (-> 2.3) zeigen auf, wie Lehrkräfte Schüler aus dem Autismus-Spektrum effektiv und individuell unterstützen können und so deren Recht auf Teilhabe und Inklusion praktisch umgesetzt werden kann.

Memo

Autismus hat viele Gesichter! Deshalb wird heute statt von Autismus treffender von Autismus-Spektrum-Störung (ASS) als Oberbegriff für das gesamte Spektrum autistischer Störungen mit sehr unterschiedlichem Ausprägungsgrad der Symptome gesprochen. Unterschieden werden drei Grundformen: frühkindlicher Autismus, Asperger-Autismus und atypischer Autismus. Eine Diagnose ASS wird nicht von Lehrern, auch nicht von Sonderschulpädagogen und Schulpsychologen gestellt, sondern von Ärzten. Autismus-Spektrum-Störungen liegen neurobiologische Ursachen zugrunde. Sie gelten als tiefgreifende Entwicklungsstörungen und werden als medizinische Diagnosen definiert – auch wenn die Etikettierung von Autismus als Störung kritisch hinterfragt werden sollte.

2 Unterricht

Über den Förderschwerpunkt Autismus wird von der Ständigen Konferenz der Kultusminister (KMK) eine Schülergruppe ausgewiesen, die der sonderpädagogischen Förderung und Beachtung bedarf, für welche es allerdings – im Vergleich zu anderen Ländern – keine speziellen Schulen gibt. Es soll aufgezeigt werden, wie Schüler mit ASS auf die unterschiedlichen bestehenden Schularten verteilt sind und welche Möglichkeiten der Vorbereitung auf dieses Störungsbild das Lehramtsstudium bietet (-> 2.1).

Ein detailliert geschildertes Beispiel beschreibt potentielle Veraltensweisen von Schülern mit ASS und spezielle Herausforderungen in der Unterrichtspraxis und im Schulleben (-> 2.2). Ebenfalls werden verschiedene Bereiche (z.B. Wahrnehmung, (Sozial-)Verhalten) benannt, die Schülern mit ASS Schwierigkeiten bereiten. Zur Bewältigung dieser werden konkrete autismussensible Maßnahmen benannt, die dabei helfen sollen, dass Schüler aus dem Autismus-Spektrum chancengleich lernen können und in ihrer Identität gestärkt werden (-> 2.3).

Auf Grundlage internationaler Leitlinien zur Unterstützung von Kindern und Jugendlichen mit ASS, wurde von Eckert und Sempert (2012) ein Rahmenmodell zur schulischen Förderung entwickelt, das acht Wirkvariablen für das Gelingen von inklusiver Erziehung, Bildung und Förderung benennt (-> 2.3). Darüber hinaus gilt es – insbesondere, um das gesetzlich verbriefte Recht auf qualitativ hochwertige Bildung zu garantieren –, Nachteilsausgleiche zu gewähren (-> 2.4) und Förderpläne auf der Grundlage einer sonderpädagogischen Förderdiagnostik (-> 2.5) zu entwerfen und anzuwenden (-> 2.6).

2.1 Förderschwerpunkt Autismus und Beschulung von Schülern mit ASS

Autismus – kein traditioneller Förderschwerpunkt

Die „Empfehlung zu Erziehung und Unterricht von Kindern und Jugendlichen mit autistischem Verhalten" (KMK 2000) – das Ergebnis der Kultusministerkonferenz (KMK) vom 16.06.2000 – macht unmissverständlich deutlich, dass man vom Begriff Förderschwerpunkt absieht, obwohl es sich bei Autismus um einen sonderpädagogischen Förderschwerpunkt, allerdings nicht im traditionellen Sinne handele (KMK 2000). Autismus kann deshalb nicht als eigenständige, sonderpädagogische Fachrichtung im Rahmen eines Lehramtsstudiums studiert werden.

Exklusiv für Pädagogik bei Autismus ausgewiesene Lehrstühle gibt es in Deutschland nicht. Einmalig im gesamten deutschsprachigen Raum ist seit 2012 der Lehrstuhl mit der Doppeldenomination „Pädagogik bei geistiger Behinderung und Pädagogik bei Autismus" an der Universität Halle-Wittenberg.

Zusatzqualifikation P-ASS 2.0

So bleibt es weitgehend dem Zufall überlassen, ob angehende Lehrer sich wissenschaftlich oder praktisch mit der Erziehung, Bildung und Förderung dieser Schüler auseinandersetzen. Hier gilt es, sich in den ersten Semestern des Lehramtstudiums das nötige Wissen sowohl für die inklusive Beschulung als auch für den Unterricht an Förderschulen anzueignen, um dann später ein autismusspezifisches Lernen im Sinne einer qualitativ hochwertigen Bildung didaktisch ermöglichen zu können. Am Lehrstuhl für Pädagogik bei geistiger Behinderung und Pädagogik bei Verhaltensstörungen der LMU München können Studierende der Sonderpädagogik über neun Semester hinweg die Zusatzqualifikation „Pädagogik bei Autismus-Spektrum-Störung", kurz P-ASS 2.0, erwerben.

Informationen darüber finden Sie auf der Homepage des Lehrstuhls unter:www.edu.lmu.de/verhaltensgestoertenpaedagogik/zusatzqualifikationen/p-ass/.

Beschulung von Schülern mit ASS

Über den Förderschwerpunkt Autismus wird von der KMK (2018) eine Schülergruppe ausgewiesen, die der sonderpädagogischen Förderung und Beachtung bedarf. Im Vergleich zu anderen Ländern gibt es aber keine speziellen Schulen für Schüler mit ASS. Sie besuchen sowohl Förderschulen als auch Regelschulen und sind in allen Schulformen vertreten. Auch wenn aus den amtlichen Schulstatistiken der Kultusministerkonferenz (2018; 2019) der Anteil von Schülern aus dem Autismus-Spektrum weder für die Förderschule noch für die allgemeinen Schulen herausgelesen werden kann, legt eine Umfrage von autismus Deutschland e.V. von Czerwenka (2017) nahe, dass ein Drittel der Schüler mit ASS ein sonderpädagogisches Förderzentrum (Förderschule) und zwei Drittel eine Regelschule besuchen (Abb. 4). Einerseits erweist sich die Inklusionsquote für den Förderschwerpunkt Autismus im Vergleich zu anderen Förderschwerpunkten mit rund 66% erstaunlich hoch, andererseits belegt diese Zahl auch, dass Lehrkräfte Schüler aus dem Autismus-Spektrum längst an allgemeinbildenden Schulen unterrichten. Sie verdeutlicht, was sie schon heute, in der Regel unterstützt von Schulbegleitern und von sonderpädagogischen Diensten, dabei zu leisten haben, um Ausgrenzung zu vermeiden und Teilhabe an Bildung zu garantieren. Die widersprüchlichen Angaben zur Inklusionsquote erweisen sich als Zahlen zum Staunen. Sie legen nahe, dass die statistische Erfassung von Schülern aus dem Autismus-Spektrum und der Orte ihrer schulischen Förderung noch nicht hinreichend gelöst ist.

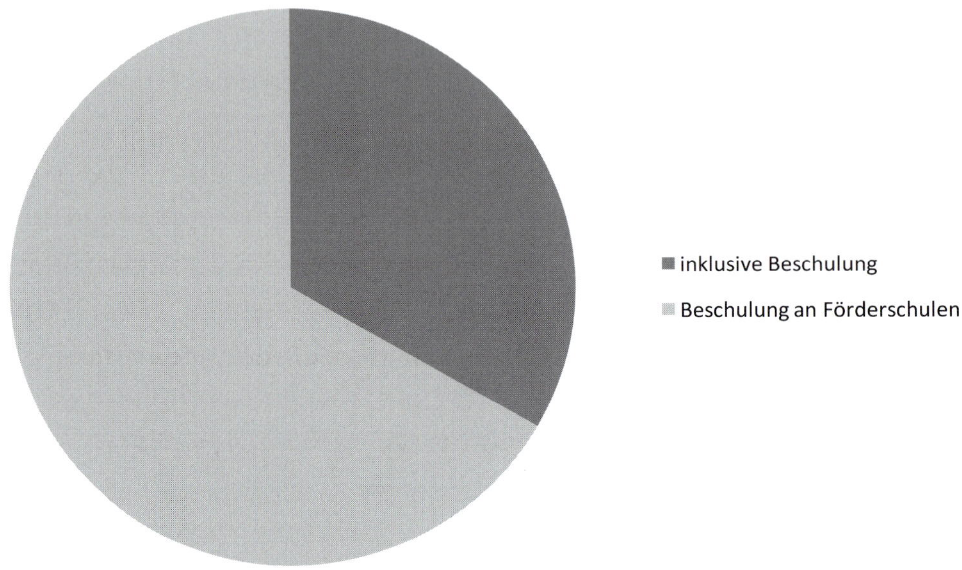

Abb. 4: Beschulung von Schülern mit ASS (Czerwenka 2017)

Studie zu Schülerzahlen an Regel- und Förderschulen

Studien deuten darauf hin, dass es für jede Person mit einer Diagnose aus dem Autismus-Spektrum noch eine weitere Person mit „autistischen Zügen" gibt (z.B. repetitives Verhalten oder Schwierigkeiten in der Kommunikation), die aber die Kriterien für eine Diagnose nicht erfüllt. Bezogen auf die Schülergruppe mit ASS belegt eine der wenigen hierzu vorliegenden Studien von Trost (2010), dass 79% der Kinder und Jugendlichen mit der Diagnose „frühkindlicher Autismus" und 70% derer mit autistischen Zügen eine Schule mit Schwerpunkt geistige Entwicklung besuchen. Schüler mit Asperger-Syndrom hingegen sind oft an einer Schule für Erziehungshilfe (35,2%) zu finden – im Hinblick auf das gesamte autistische Spektrum werden sie am häufigsten an Regelschulen unterrichtet. In der Untersuchungsstichprobe besuchten 18,8% von ihnen keine Förderschule. Auf die Frage, welche Schule Schüler mit Autismus in Baden-Württemberg besuchen, kommt Trost in seiner repräsentativen Studie zu dem Ergebnis, dass es 1.905 Schüler mit Autismus, davon 635 an allgemeinen – und 1.270 an Förderschulen gibt. Etwas mehr als die Hälfte von ihnen hat eine offizielle Diagnose. Schüler mit ASS verteilen sich auf alle Förderschulen, am meisten findet man sie an sonderpädagogischen Förderzentren für geistige Entwicklung und für emotional-soziale Entwicklung.

Inklusion- und Exklusionsquote – eine Pattsituation

Im Vergleich zur nicht repräsentativen Studie von Czerwenka (2017) weist die repräsentative Studie von Trost (2010) für den Förderschwerpunkt Autismus in Baden-Württemberg eine Inklusionsquote von nur 33% aus. Im Spiegel der Abb. 4 kehren sich die Zahlen genau um! Es ist deshalb anzunehmen, dass die reale Inklusionsquote bei annähernd 50% liegen dürfte. Die uneinheitlichen Angaben legen fließende Übergänge zwischen Inklusion und Exklusion nahe und machen deutlich, dass dann, wenn die inklusive Beschulung von autistischen Schülern nicht gelingt, deren schulische Förderung an Förderschulen fortgesetzt wird.

Autistische Inntelligenz

Studien (Theunissen/Sagrauske 2019) verweisen darauf, dass bis zu 50% der Menschen mit ASS zugleich geistig beeinträchtigt sind. Diese unnatürlich hohe Prävalenzrate ist kritisch zu hinterfragen. Immer öfter wird angenommen, dass die meisten Personen mit ASS weder geistig beeinträchtigt sind noch eine Intelligenzminderung haben, sondern eine „autistische Intelligenz“ besitzen, die mit den herkömmlichen Intelligenztests aber nicht gemessen und als solche ausgewiesen werden kann. Aufgabe moderner Förderdiagnostik (Stärkendiagnostik) wäre deshalb nicht herauszufinden, wie viel Intelligenz, sondern welche Art von Intelligenz Menschen mit ASS besitzen und wie diese für Lern- und Entwicklungsprozesse in Schule und Unterricht gewinnbringend genutzt und gefördert werden kann.

Umfrage von autismus Deutschland e.V.

Autismus Deutschland e.V. veröffentlichte eine Umfrage zur schulischen Situation von Kindern und Jugendlichen mit Autismus. Dafür wertete Czerwenka (2017) 621 Fragebögen von Eltern aus, deren Kinder mit ASS (davon 141 mit frühkindlichem Autismus, 320 mit Asperger-Autismus, 94 mit atypischem Autismus, 31 mit High-functioning-Autismus und 25 mit Doppeldiagnosen) an 129 Grundschulen, 194 Sekundarschulen, 91 Gymnasien und 207 Förderschulen im Schuljahr 2016/2017 beschult wurden. Das entspricht zwar einer Inklusionsquote von rund 66%, wobei die Eltern der auf Förderschulen beschulten Schüler angaben, dass der Besuch der Förderschule das Ergebnis mehrerer Schulwechsel sei. Das könnte darauf hinweisen, dass an Regelschulen die Bedingungen für das Gelingen von Inklusion oftmals noch zu wünschen übrig lassen und zudem die widersprüchlichen Angaben der Inklusionsquote von Schülern aus dem Autismus-Spektrum erklären. Theunissen und Sagrauske (2019) vermuten, dass 60% der Schüler mit der Diagnose Asperger-Syndrom eine allgemeine Schule besuchen, während 80% der Schüler mit frühkindlichem und atypischem Autismus an Förderschulen unterrichtet werden. Erschwerend kommt hinzu, dass empirisch noch nicht beurteilt werden kann, ob Schüler mit ASS, die eine allgemeine Schule besuchen, auch umfänglich in den inklusiven Unterricht so einbezogen sind, dass sie davon profitieren. Bis auf Weiteres erweist sich die Bildungssituation für Kinder mit ASS deshalb unabhängig vom Förderort als eine schulische Förderung zwischen Inklusion und Exklusion (Abb. 5).

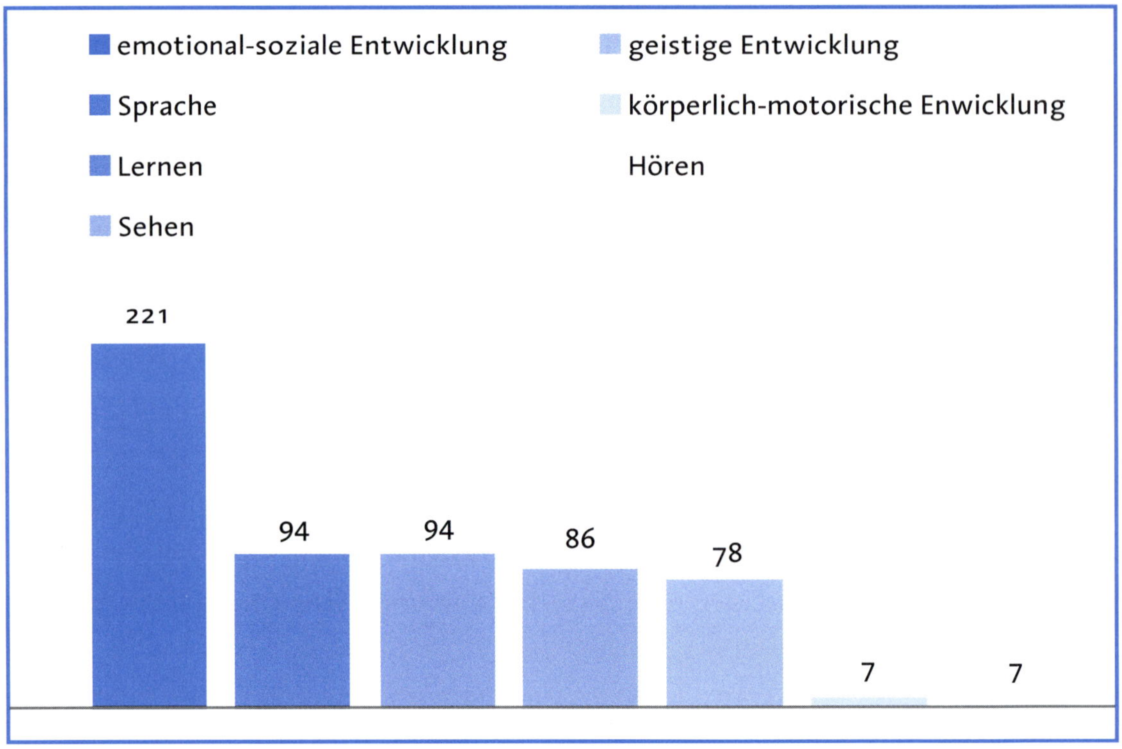

Abb. 5: Zuordnung von Schülern mit ASS zu sonderpädagogischen Förderschwerpunkten (Czerwenka 2017)

Schulausschlüsse

Die Studie von Czerwenka (2017) weist mit 132 Nennungen die Zahl der Schulausschlüsse als erschreckend hoch aus.

Fast jeder fünfte Schüler mit ASS wurde bereits einmal in seiner Schullaufbahn vom Unterricht ausgeschlossen.

In Bayern wurden im Untersuchungszeitraum von den 58 teilnehmenden Schülern sechs Schulausschlüsse von drei Tagen bis sechs Monaten ausgesprochen. In zwei Fällen wurden mehrere Monate durch die Beschulung in der Kinder- und Jugendpsychiatrie überbrückt. Das zeigt, wie schwierig – unabhängig vom Förderort – der pädagogisch richtige Umgang und die Unterrichtung für manche Schüler mit ASS sind und vor welchen großen Herausforderungen Lehrkräfte und die ganze Schulfamilie auf dem Weg zu einer autismussensiblen und inklusiven Schule stehen. (Czerwenka 2017).

2.2 Spezielle Herausforderungen in der Unterrichtspraxis und im Schulleben

Faktoren für das Gelingen von Inklusion

Im Fokus der bisherigen Forschungen zur Inklusion von Kindern und Jugendlichen mit ASS stehen u.a. spezifische Lehr- und Lernmethoden, Einstellungen von Lehrpersonal zur Inklusion dieses Personenkreises sowie Studien zur Zusammenarbeit mit den Familien (Parsons et al. 2011). Zentrale Faktoren für das Gelingen der Inklusion von Kindern und Jugendlichen mit ASS können durch Forschungsergebnisse aus internationalen Studien aufgezeigt werden. Zu diesen gehören mitunter die störungsspezifische Professionalität von Fachkräften sowie positive Peer-Beziehungen. Eine Barriere für die Inklusion stellen beispielsweise von Missverständnissen geprägte Peer-Beziehungen dar. Um Lernende mit ASS in inklusiven Settings zu unterstützen, haben sich u.a. die Strukturierung von Lern- und Arbeitssituationen sowie die Förderung sozialer Fähigkeiten bewährt (Sautter 2012; Schirmer 2016).

ASS sind vielschichtig

Autismus-Spektrum-Störungen können multidimensional und komplex sein und zeigen sich in vielfältigen beobachtbaren Phänomenen. Eben diese in mancherlei Hinsicht normabweichenden Verhaltensweisen von Schülern mit ASS sind es, die als Herausforderungen angenommen, berücksichtigt und in Schule und Unterricht konstruktiv bewältigt werden sollen (Theunissen 2014). Die Liste hierzu ist lang und mag zunächst erschrecken. Zu bedenken ist deshalb, dass die nachfolgend genannten Probleme eben auch ein Spektrum mit teils fließenden Übergängen abbilden, die aber nicht alle auf eine Person zutreffen müssen, sondern von Schüler zu Schüler in sehr unterschiedlichen Kombinationen und Ausprägungen vorkommen können. Mit Blick auf die Gestaltung des Schullebens und die pädagogisch-didaktische Analyse, Planung, Durchführung und Reflexion von Unterricht sind einige spezielle Herausforderungen und Konfliktbereiche zu benennen (Abb. 6).

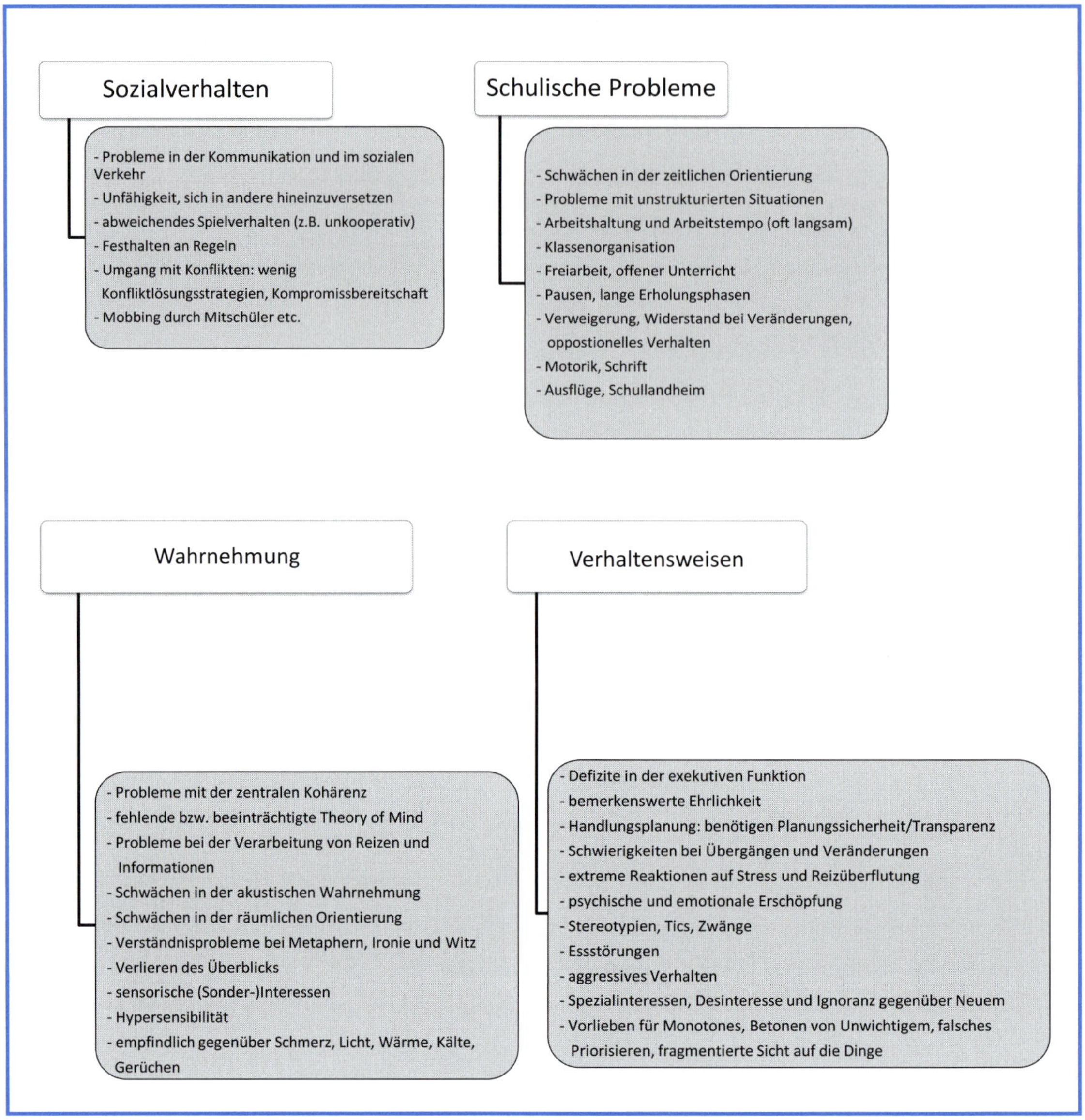

Abb. 6: Besonderheiten und Verhaltensweisen von Schülern mit ASS

2.2.1 Fallbeispiel

Ralf, ein 10-jähriger Junge, besucht die dritte Klasse einer Grundschule. Seine Schulleistungen sind durchschnittlich. Lediglich beim Rechnen scheint er seinen Mitschülern weit voraus. Immer wieder erstaunt er mit altersuntypischen mathematischen Fähigkeiten. Wenn Ralf spricht, klingt seine Sprache leise und sehr monoton. Fragen, die andere ihm stellen, wiederholt er häufig und schnalzt mit der Zunge dazu. Im Unterricht plappert er aus dem Nichts immer wieder Wörter mehrmals laut nach, die seine Lehrerin besonders oft verwendet. Von vielen in seiner Klasse wird das als störend empfunden und zum Anlass genommen, Ralf nachzuäffen. Freunde hat er in seiner Klasse nicht wirklich, wenngleich sein Schulbegleiter sich redlich darum bemüht, ihn in allen Unterrichtspausen und auf dem Schulhof in Kontakt zu bringen. Seine Mitschüler sind um ihn bemüht, rufen ihn bei seinem Namen, um ihn in ihr Spiel einzubeziehen. Es hat den Anschein, dass ihn selbst die vielen freundlichen und durch Gesten unterstützten Einladungen zum Mitmachen nicht berühren und erreichen. Wenn andere ihn gut gemeint anfassen, fängt Ralf sogar an, laut zu schreien, aufgeregt mit den Händen zu flattern und stereotyp Worte vor sich herzusagen, die niemand versteht. Hat er sich beruhigt, beschäftigt er sich den Rest der langen Pause fasziniert mit seinem kleinen roten Feuerwehrauto und bewegt unentwegt, aber feinmotorisch sehr geschickt, die Drehleiter im Kreis, obwohl er ansonsten – zum Beispiel beim Turnen – motorisch ungeschickt erscheint.

In den Schulstunden sitzt Ralf in der ersten Reihe, damit die Lehrerin ihn besser im Blick hat und er das, was sich an der Tafel abspielt, besser wahrnehmen kann. Den dadurch häufigen Augenkontakt mag Ralf gar nicht. Irritiert schaut er dann aus dem Fenster oder starrt regungslos vor sich hin. Überhaupt streckt Ralf nicht wie seine Mitschüler seinen Arm, um auf Fragen, die die Lehrerin an die Klasse richtet, zu antworten. Er antwortet nicht, wenn sie Ralf mit Namen direkt anspricht und von ihm eine schulische Leistung abrufen will. Ihr sehr lebendiges, materialbetontes und auf Kommunikation ausgerichtetes Unterrichten ist kurzweilig und auch in methodischer Hinsicht sehr lernförderlich für die Klasse. Während die meisten Mitschüler dadurch spielerisch lernen, scheint für Ralf vieles zu schnell, zu laut und zu bunt. Das interaktive, ständig wechselnde Spielen, Lernen und Arbeiten in Partner- und Kleingruppenphasen im offenen Unterricht spricht Ralf nicht besonders an. Mit den sehr liebevoll gestalteten, aber oft prall gefüllten Arbeitsblättern zur Lernzielkontrolle oder Festigung des Kompetenzerwerbs, kann Ralf nicht viel anfangen. Oft liegen sie lange vor ihm. Erst, wenn der Schulbegleiter mit ihm in einen stillen Dialog mit wenigen aber klaren Worten kommt, er die Umgebung für ihn gut vorbereitet hat und Schritt für Schritt das, was zu tun ist, einfordert, beginnt Ralf, zu arbeiten und zu lernen.

Wenn die Lehrerin krankheitsbedingt für ganze Tage fehlt, kann Ralf schlecht mit dieser Situation umgehen und mit den Vertretungslehrern nichts anfangen. Ängstlich und unruhig verlaufen dann solche Tage, an denen sein Schulbegleiter besonders wichtig für ihn ist, weil er ihm Ruhe, Halt, Routine, Beständigkeit, Sicherheit und Struktur bieten kann. Überhaupt helfen dann, wenn es im gemeinsamen Unterricht zu bunt, für seine Mitschüler aber lernförderlich, zugeht, eher exklusive Lernsituationen in einem anderen Raum. So kann Ralf individuell und vom Schulbegleiter in seiner Handlungsplanung unterstützt, den gezielt gestellten Aufgaben der Lehrerin nachkommen, nachteilsfrei und entwicklungslogisch lernen. Und dennoch: Ralf hat gelernt, sich in seiner Klasse wohlzufühlen, auch weil alle in der Klasse gelernt haben, ihn so zu akzeptieren wie er ist!

Die Fallvignette zeigt, wie Lehrer und Schüler ihren Mitschüler mit ASS erleben und welche Herausforderungen dies mit sich bringen kann.

2.3 Handlungsempfehlungen und autismussensible Fördermaßnahmen

Rahmenbedingungen

Lehrkräfte und insbesondere Klassenlehrer nehmen eine entscheidende Rolle hinsichtlich der Inklusion von Schülern mit ASS ein. Sie können diverse Rahmenbedingungen zum effektiven Lernen, welche über eine reine Teilhabe hinausgehen sollten, schaffen. Darüber hinaus ist es enorm wichtig, für ein positives Umfeld bzw. ein annehmendes Klassenklima zu sorgen. Dabei sollte vornehmlich auf strukturierte Abläufe und Routinen, individuelle Unterstützung und Hilfestellungen sowie differenzierte Spiel-, Lern- und Arbeitsangebote Wert gelegt werden. Schüler mit ASS sind des Weiteren auf Nachteilsausgleiche angewiesen und benötigen oft zusätzlich einen Schulbegleiter. Die Lehrer sind allein für ihren Schüler mit ASS verantwortlich, auch wenn Schulbegleiter als persönliche Assistenten sie bei der Ausübung der genannten Tätigkeiten unterstützen. Der organisatorische und didaktische Aufwand für die meist einzelinkludierten Schüler mit ASS ist bisweilen hoch.

> Nicht die Schüler mit ASS müssen sich an die Schule, sondern die Schule muss sich an die Schüler mit ASS anpassen.

Auf dem Weg zu autismusfreundlichen Schulen profitieren von autismussensiblen Maßnahmen sicherlich auch normal begabte Schüler in der Regelklasse. Einige wichtige Maßnahmen für die förderpädagogische Arbeit im inklusiven Unterricht sollen daher genannt und vorgestellt werden. Schule und Unterricht können durch diese inklusiver werden und dafür sorgen, dass Schüler aus dem Autismus-Spektrum chancengleich lernen können und in ihrer Identität gestärkt werden (Markowetz 2019b).

Im Folgenden sollen nun Übungseinheiten, Beispiele und Anreize für autismussensible Maßnahmen im Unterricht vorgestellt werden.

2.3.1 Sozialverhalten

Circle of Friends

Schüler mit ASS haben Probleme beim Schließen von Freundschaften und damit, sich Mitschülern anzuvertrauen. Es bietet sich daher an, in ihrer Klasse eine Runde aus fünf bis sechs rücksichtsvollen und empathischen Schülern zusammenzustellen, die in einem sicheren Rahmen in regelmäßigen, zeitlich begrenzten Sitzungen als Freundeskreis, Bündnispartner und Fürsprecher für die Belange und Probleme ihres autistischen Mitschülers eintreten und in gewisser Weise als positive Vorbilder zeigen, wie man miteinander in Beziehung treten, über Ängste und Schwierigkeiten reden, aber auch schöne Erfahrungen teilen kann. Auch wenn dadurch nicht sofort innigste Freundschaften entstehen, ist ein „Circle of Friends“ ein guter Schutz vor Stigmatisierungen und Mobbing. Ein aufgeschlossener Mitschüler als Sitznachbar kann den betroffenen Schüler zudem unterstützen.

Comics

Reale Kommunikation ist oft abstrakt und komplex. Comics visualisieren und vereinfachen Sprache, Inhalte und Intentionen und helfen, z.B. Gefühle durch Symbole, Strichzeichnungen oder Farben zu konkretisieren und einfacher zu verstehen. Zudem fördern sie die Entwicklung eines sozialen Verständnisses. Schüler mit ASS können dazu angeregt werden, Comics – gerade über soziale Situationen, die sie schwer verstehen – selbst zu zeichnen.

Social Stories

Social Stories können Lehrer, ggf. auch einfühlsame Mitschüler und Eltern, individuell für einzelne Schüler mit ASS schreiben, die schon lesen können, aber Probleme mit sozialen Situationen haben, z.B. beim Überqueren einer Straße sehr ängstlich und überfordert sind. Eine solche Situation wird deshalb in einzelne Schritte gegliedert und mit einfachen Worten und prägnanten Bildern nicht nur beschrieben – es wird auch aufgezeigt, wie man mit schwierigen Situationen umgehen kann.

Rollenspiele

Über Rollenspiele lassen sich vielfältige soziale Kontaktsituationen, z.B. Begrüßungsrituale, nachspielen, üben und Kompetenzen erwerben. Bei kleineren Theateraufführungen vor der Klasse können auch Kleingruppen komplexere reale Situationen nachspielen, z.B. das Einkaufen für das Klassenfrühstück.

Verhalten und Krisenmanagement

Schüler mit ASS zeigen bisweilen Verhaltensweisen, deren Sinn sich Mitmenschen oder Beobachtern nicht erschließt, die schwer zu verstehen sind und deshalb Lehrkräfte stark herausfordern können. Ihnen angemessen zu begegnen, kontrolliert zu handeln und pädagogisch wertvoll zu reagieren, erfordert viel Einfühlungsvermögen. Es gilt herauszufinden, warum sie sich gerade so verhalten und ggf. auch, welche Emotion hinter ihrem Verhalten steht. Alle Verhaltensweisen haben einen Grund, z.B. körperliche Schmerzen, Unbehagen, psychische Schwierigkeiten und Angst. Herausfordernde Verhaltensweisen können auch auf zu hohe Anforderungen hinweisen oder darauf, dass der Schüler mit ASS etwas sprachlich nicht ausdrücken kann. Einerseits gilt es, Grenzen zu setzen und aufzuzeigen, was in Schule und Unterricht nicht akzeptiert werden kann, andererseits z.B. durch Maßnahmen der Unterstützten Kommunikation (-> 2.3.3) Abhilfe zu schaffen und Alternativen zu unerwünschtem Verhalten Schritt für Schritt zu vermitteln. Um in besonders schwierigen Situationen richtig und planvoll zu reagieren, ist es hilfreich, Krisen zu antizipieren und ein individuelles Krisenmanagement im Team zu entwerfen, das einen souveränen Umgang mit dem Verhalten zulässt und allen Beteiligten hilft. In schwierigen Situationen gilt es, Ruhe zu bewahren und ggf. das Bedürfnis nach Freiraum zu akzeptieren. Körperkontakt sollte vermieden werden, die Sprache sollte prägnant, sachlich und leicht verständlich sein.

2.3.2 Unterrichtsstruktur und -organisation

Arbeitsplatz

Ein fester, gut organisierter und übersichtlicher Arbeitsplatz sollte für alle, aber insbesondere für Schüler mit ASS, geschaffen werden. Es sollte darauf geachtet werden, dass nur das, was im Unterricht gebraucht wird, auf dem Tisch liegt.

Aufgabenstellung

Mit Unterstützung von einfachen und prägnanten Visualisierungen, können Aufgaben derart formuliert und strukturiert werden, dass Schüler mit ASS diese gut bewältigen können. Je deutlicher wird, was dazu benötigt wird und welche einzelnen Arbeitsschritte in welchem Umfang (Handlungs-/Ablaufplan) und in welcher Zeit (Sanduhr) zu erledigen sind, desto besser.

Klassenraum

Der Klassenraum sollte gut strukturiert sein. Ordnung, Bereiche für bestimmte Themen/Schwerpunkte oder gewisse Farbkonzepte können Teilaspekte eines übersichtlich gestalteten Klassenraumes darstellen.

Lehrersprache

Klare und deutliche Formulierungen und Ansprachen, die keine Interpretationsspielräume zulassen und auch nicht ironisch oder witzig gemeint sind, sind wichtig. Zusätzlich sollte das Gesagte mit Hilfe von Materialien aus der Unterstützten Kommunikation visualisiert werden.

Eine gute Quelle hierzu bietet das Werk von Hallbauer und Castaneda „Einander verstehen lernen: Ein Praxisbuch für Menschen mit und ohne Autismus“, welches 2013 im Holtenauer Verlag erschienen ist.

mündliche Beteiligung

Schülern mit ASS könnte die Beteiligung im Sinne einer mündlichen Mitarbeit im Unterricht schwerfallen. Diese sollte auf keinen Fall forciert werden. Stattdessen können im Dialog mit dem Schüler andere Formen der Beteiligung angeboten bzw. vereinbart werden, z.B. das Ausfüllen von Arbeitsblättern oder die Zusammenarbeit mit einzelnen Mitschülern

offener Unterricht und Freiarbeit

Einige Spielarten des offenen Unterrichts können mit Konflikten und unvorhergesehenen Situationen einhergehen. Derartige Phasen sollten so gestaltet werden, dass ein sicherer Rahmen bestehen bleibt und Gewissheit und Orientierung möglich ist. So könnte der Schüler mit ASS mit rücksichtsvollen Mitschülern spielen, lernen und arbeiten, die verständnisvoll unterstützen sowie geschickt vermitteln. Auf diese Weise lässt sich Witzen, Stigmatisierungen oder gar Mobbing entgegenwirken.

Partner- und Gruppenarbeit

Mit dem kooperativen Lernen an einem gemeinsamen Lerngegenstand in Partner- und Kleingruppenarbeit tun sich Schüler mit ASS schwer, was bei Mitschülern oft Enttäuschungen auslöst. Deshalb sind klare Aufgaben- und Rollenverteilungen ebenso wie eine geschickte Auswahl der Kooperationspartner sinnvoll und wichtig. Einzel- und Stillarbeit als alternative Lernform sind zudem denkbar.

Rückzugsmöglichkeiten

Ein gewisser Grad an Sensibilität für erste Anzeichen von Überreizung als Reaktion auf den Trubel im Schulalltag kann helfen, Krisen vorzubeugen. Wenn der betroffene Schüler sich verweigert, wegläuft, schreit oder aggressiv wird, kann dies auf Überforderung hindeuten. Schüler mit ASS sollten sich an einen ruhigen Ort zurückziehen können, um dort abzuschalten und sich in zusätzlichen, zeitlich befristeten Pausen erholen zu können, ggf. zusammen mit einem Schulbegleiter oder Mitschüler. Angemessene Rückzugsmöglichkeiten sollten geschaffen werden (z.B. Sitzecke, Bank auf dem Schulhof, Ausweich-/Differenzierungsraum ggf. mit Entspannungsmöglichkeiten, wie Musik).

Schulfächer

In den Unterrichtsfächern sind einerseits die autismussensiblen Maßnahmen konkret umzusetzen, aber auch fachspezifisch zu erweitern. So gilt es z.B. in Deutsch bei Nacherzählungen und Inhaltsangaben, auf wortwörtliche Wiedergabe zu verzichten, statt Aufgabenstellungen mit personenbezogenen Kontexten eher sachbezogene Inhalte zu wählen, auf Interpretationsaufgaben, z.B. aus dem Bereich der Lyrik, zu verzichten und daran zu denken, dass auch Redewendungen und Metaphern nicht gedeutet werden können. In Mathematik sollte mehr Anschauungsmaterial genutzt werden, der Anspruch auf Genauigkeit bei geometrischen Aufgaben (Umgang mit Zirkel, Lineal usw.) angepasst werden, keine Textaufgaben mit sozialem Kontext gestellt und individuelle Rechenwege akzeptiert werden. Im Fach Kunst ist es hilfreich, Themen vorzugegeben statt sie frei wählen und diese eher zeichnen statt malen zu lassen. Im Sport sollten die Schwerpunkte auf Individualsportarten gerichtet werden, motorische Probleme nicht bewertet oder ganz auf eine Beurteilung verzichtet werden, bevor eine vorübergehende oder dauerhafte Befreiung vom Sport überlegt wird.

Struktur und Routine

Unstrukturierte Zeiträume, z.B. das Ankommen in der Schule, die Pausen, das Warten auf den Schulbus oder die freie Zeit während Ausflügen/Schullandheimaufenthalten, können Schülern mit ASS Stress bereiten und zu Spannungen führen. Solche Lücken können mit gut strukturierten Angeboten gefüllt werden. Im Dialog mit dem Schüler sollte nicht gefragt werden, wie er seine große Pause verbringen will, sondern es sollten zwei konkrete Möglichkeiten zur Auswahl gestellt werden (z.B. im Zimmer bleiben und ein Spielequartett anschauen oder mit einem Mitschüler Tischtennis spielen).

2.3.3 Unterrichtsmaterialien und -didaktik

Bildkarten (PECS)

Im Unterricht kann es helfen, Bildkarten mit Symbolen oder realen Fotos zu verwenden, um mit Schülern zu kommunizieren, die in ihrer Sprache eingeschränkt sind (z.B. lautsprachlich nicht kommunizieren). Auf diese Weise kann ihnen Sinn und Zweck von Bezeichnungen oder Namen für einen Gegenstand (z.B. Bilderbuch), einen Sachverhalt (z.B.

Hunger) oder eine Aktivität (z.B. Lesen) vermittelt werden. PECS ist die Abkürzung für „Picture Communication Exchange System“ und eine Methode der sogenannten Unterstützten Kommunikation. Mit Hilfe von Bildkarten lässt sich zum Ausdruck bringen, was man will, was man tun oder nicht tun möchte oder was einen gerade bewegt. Mit der Zeit lassen sich mit mehreren Bildkarten parallel einfache Sätze konstruieren, die es dem Schüler erlauben, sich auch ohne Sprache verständlich zu machen, z.B. kann er mit den entsprechenden Bildkarten zum Ausdruck bringen, dass er dann, wenn er satt ist, gerne ein Bilderbuch ansehen möchte.

TEACCH

„Treatment and Education of Autistic and related Communication handicapped Children“ (TEACCH) ist ein in North Carolina entwickeltes und fast 60 Jahre lang erprobtes, weltweit erfolgreiches und umfängliches Programm, das Schüler mit ASS über die gesamte Lebenspanne hinweg in lebens- und lernförderliche Bahnen lenken soll (Häußler 2005). Es berücksichtigt auf der Grundlage einer fachlich fundierten Diagnostik die Besonderheiten und Stärken und bietet wertschätzende, individuelle Lösungen. Ziel ist es, dass der Schüler mit ASS möglichst selbständig, angst- und barrierefrei, in weitestgehender sozialer Integration, spielen, lernen und arbeiten und dabei Wohlbefinden und Verhaltens- und Handlungssicherheit erleben können soll. Um Schülern mit ASS eine strukturierte Umgebung zu bieten, eignen sich u.a. folgende Herangehensweisen:

- räumliche Strukturierung
- zeitliche Strukturierung
- Strukturierung der Sprache, der Aufgaben, der Instruktionen und der Arbeitsformen
- Strukturierung der Arbeitsmaterialien
- Strukturierung von Handlungsabläufen (Schaffung von Routinen, klare Anweisungen für jeder Stufe der Tätigkeit in Verbindung mit visuellen Darstellungen und Hilfen)

Die Inhalte und praktischen Umsetzungen des pädagogischen Ansatzes können im Rahmen einer Fortbildung (z.B. bei Autea; www.autea.de) erworben werden. Auch der autismus Deutschland e.V. bietet einen „Modularen Zertifikatskurs Autismus-Therapie“ (MoZAT) an, innerhalb dessen u.a. der TEACCH-Ansatz gelehrt wird (weitere Informationen unter https://www.autismus.de/veranstaltungen/modularer-zertifikatskurs-autismus-therapie-mozat.html).

Unterstützung bei motorischen Schwierigkeiten

Schüler mit ASS haben oft Schwierigkeiten in der Grob- und Feinmotorik, mit bisweilen gravierenden Folgen für schulische Erfolge. Hier können Schreibgeräte zum Einsatz kommen, die es dem Schüler erlauben, weitgehend leserlich zu schreiben oder zu zeichnen (z.B. Schreibhilfen wie dickere Stifte, Tablets, Laptops). Bei Bewegungsspielen im Unterricht und im Sport gilt es, grobmotorische Probleme (z.B. auf einem Bein zu hüpfen oder über eine Langbank zu balancieren) durch Hilfestellung zu bewältigen oder die eine oder andere Übung auch zu erlassen. Eine Rücksprache mit den Eltern oder ggf. dem Physio- und/oder Ergotherapeuten kann hier nützlich sein.

visuelle Hilfen

Für Schüler mit ASS sind viele Dinge und Abläufe der schulischen Welt zu komplex und unstrukturiert, um sie zu verstehen. Visuelle Hilfen, wie z.B. ein visualisierter Stundenplan mit Uhrzeiten und Aktivitätssymbolen erleichtern es zu erfassen, was wann und wie lange zu tun ist. Um komplexe Anweisungen, Erklärungen, Abläufe oder auch (Sach-)Geschichten auf das Wesentliche zu reduzieren, kann unterstützend Software eingesetzt werden. Auch Listen, reale Gegenstände und Kalender helfen, Abläufe in ihrer Dynamik zu verstehen, sie einordnen und vorhersagen zu lernen.

2.3.4 Netzwerkarbeit

Kooperation

Bei allen Fragen und schulischen Angelegenheiten ist eine enge Zusammenarbeit mit Eltern, Lehrkräften, Schulpsychologen, Behindertenbeauftragten sowie dem „Mobilen Sonderpädagogischen Dienst – Autismus“ (MSD-A) und den zuständigen Autismuskompetenzzentren (AUTKOM) (-> 3) ratsam und ausgesprochen hilfreich.

Schulbegleiter

Wenngleich beklagt wird, dass aktuell viele Schulbegleiter zu schlecht oder gar nicht qualifiziert oder nicht verlässlich seien, und ihre ständige Anwesenheit im Schulalltag Stigmatisierungen auslösen kann, ermöglichen gerade sie den Schulbesuch von Schülern mit ASS. Oft sind sie die einzige zusätzliche Personalressource in einer inklusiven Klasse, die zeitlich befristet den Schulen zur Verfügung steht und eine subsidiäre Funktion für den Bildungsbereich erfüllen soll. Sie entlasten Lehrer und machen die Umsetzung vieler autismusspezifischer und -sensibler Maßnahmen erst möglich. Schulbegleiter arbeiten sozialintegrativ zum Wohle des Kindes und übernehmen Teilaufgaben in Schule und Unterricht im Auftrag und in enger Abstimmung mit dem Lehrer. Die Hauptzuständigkeit und gesamte Verantwortung obliegt den Lehrern (-> 3.1).

2.3.5 Prävention

So sinnvoll die flexible, individualisierte Nutzung der Breite an autismussensiblen Maßnahmen ist, so wichtig ist es, einzelne Fördermaßnahmen nicht erst dann anzugehen, wenn sie sich als notwendig erweisen. Deshalb ist das präventive Arbeiten im Hinblick auf typische schulische Anforderungen und Gegebenheiten, die es für Schüler mit ASS innerhalb der jeweiligen Entwicklungsaufgaben zu leisten gilt (z.B. Veränderungen, Projektunterricht, Klassenfahrten, Feste, aber auch die Entwicklung und Verbesserung ihrer sprachlichen, kommunikativen und sozialen Fähigkeiten), von großer Bedeutung. Förderpläne, in denen konkret festgehalten wird, was wie gefördert und wann erreicht sein soll, sind hier sehr hilfreich (-> 2.6).

Lehrer sind keine Therapeuten, Pädagogik ist keine Therapie! Für spezielle Therapien (z.B. Applied Behavior Analysis (ABA), Psychotherapie, Ergotherapie, Sensorische Integrationstherapie, psychomotorische Therapie oder Verhaltenstherapie) und die autismusspezifischen Förderungen (z.B. aufwändiges und zeitintensives Sozialtraining) sind in der Regel – unter Verantwortung der Eltern – die Autismuskompetenzzentren zuständig. Ein regelmäßiger Austausch in Konferenzen und Hilfeplangesprächen mit den Eltern und Therapeuten, die multiprofessionell mit den Schülern arbeiten, ist sinnvoll!

2.3.6 Rahmenmodell zur schulischen Förderung von Schülern mit ASS

Internationale Leitlinien betonen essentielle Faktoren, die eine bestmögliche schulische Förderung von Kindern und Jugendlichen mit ASS ermöglichen. Auf dieser Grundlage wurde von Eckert und Sempert (2012) ein Rahmenmodell entwickelt, das folgende acht Wirkvariablen für das Gelingen von inklusiver Erziehung, Bildung und Förderung dieser Schüler benennt (Abb. 7):

1. **systematische Förderplanung:** z.B. Anwendung störungsspezifischer Materialien der Förderdiagnostik und Berücksichtigung charakteristischer Merkmale in der Förderplanung
2. **individualisierte Unterstützungsangebote:** z.B. Anwendung von Nachteilsausgleichen und bedarfsabhängiger Einsatz von Schulbegleitungen
3. **strukturierte Lernumgebungen:** z.B. kleinschrittiges Vorgehen bei Arbeitsanleitungen, Hilfen zur Selbstorganisation, Visualisierung und Strukturierung
4. **spezifische Lehrplananteile:** z.B. Förderangebote in den Bereichen soziale Kommunikation und Interaktion sowie Integration von Spezialinteressen und Aktivitäten der Betroffenen
5. **funktionaler Umgang mit Verhaltensbesonderheiten:** z.B. Analyse von herausfordernden Verhaltensweisen und Einsatz von Verstärkersystemen
6. **Kooperation mit den Eltern:** z.B. regelmäßige Kontakte und einzelfallorientierte Reflexion familiärer Lebenssituationen
7. **Berücksichtigung der Peer-Beziehungen:** z.B. Aufklärung im Klassenverband und Anleitung zum Umgang mit Verschiedenheit
8. **Professionalität der Fachkräfte:** z.B. Weiterbildungen und interdisziplinäres Arbeiten

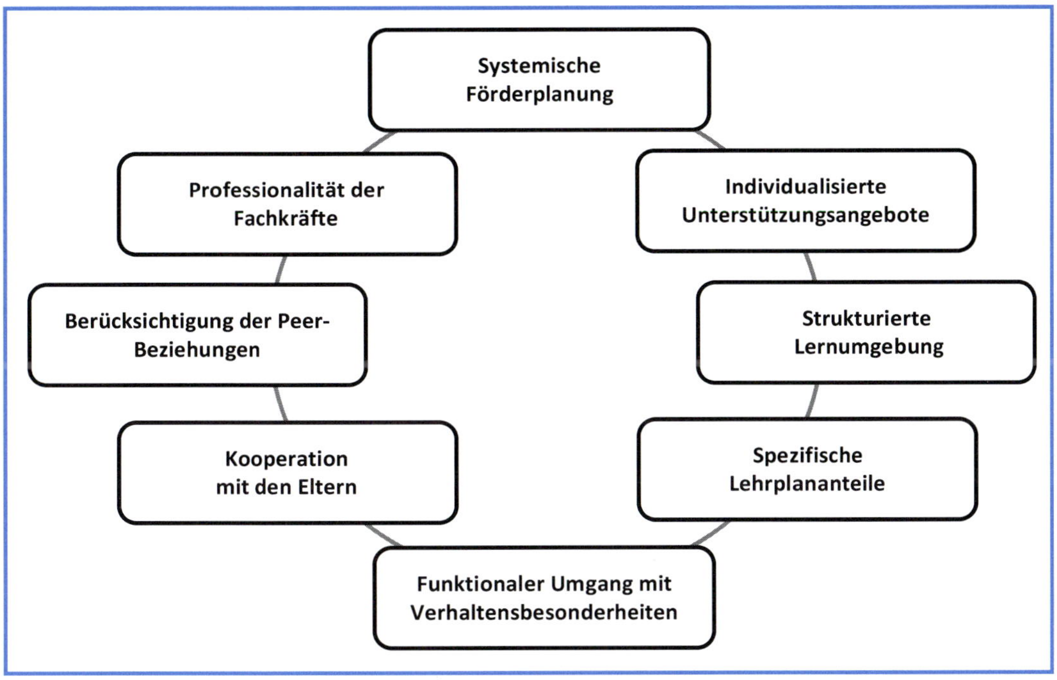

Abb. 7: Wirkvariablen für das Gelingen von inklusiver Erziehung, Bildung und Förderung (Eckert/Sempert 2012)

unterstützen statt behandeln!

Eine Störung aus dem autistischen Spektrum lässt sich nicht heilen. Selbst intensive therapeutische Maßnahmen (z.B. ABA, ESDM, PRT) erweisen sich oft als Sackgasse und führen nicht zur erhofften Genesung. Für die Pädagogik ist deshalb die Behandlungsperspektive nicht zielführend. Handlungsleitend sind partnerschaftliche Hilfen und pädagogisch im Schulalltag durchführbare Leistungen aus der Unterstützungsperspektive. Das bedeutet aber keine grundsätzliche Ablehnung von Therapien. Im Gegenteil: Menschen mit ASS haben ein Recht auf Therapie, vor allem, um psychische Begleiterscheinungen wie Depression, Angst- oder Essstörungen professionell zu behandeln.

Rolle und Wirkvariable Lehrer

Die beschriebenen Maßnahmen und Möglichkeiten (-> 2.3) zeigen, dass und wie Schüler mit ASS inklusiv schulisch gefördert und unterstützt werden können. Eine Hauptrolle nehmen hierbei die Lehrer selbst ein, die mit betroffenen Schülern in eine dialogische Beziehung treten können. Innerhalb ihres Unterrichts bzw. im Hinblick auf ihre organisatorischen Aufgaben als Klassenleitung können sie ein positives Unterrichtsklima für alle schaffen und zugleich durch ein engagiertes, geschicktes Gestalten des Unterrichts einen Schüler mit ASS vielseitig aktivieren und entwicklungslogisch zum Lernen bewegen.

Schüler mit ASS wünschen sich u.a. von ihren Lehrern

- eine positive Einstellung zu Inklusion,
- Empathie, Geduld und Offenheit für ihre Probleme,
- persönliches Engagement und Fachwissen,
- vor Beleidigungen und Mobbing beschützt und altersgemäß behandelt zu werden,
- nicht stigmatisiert zu werden,
- Lösungen, persönliche Unterstützung und spezifische Hilfen, um auch mit ASS in einem therapeutischen Milieu lernen zu können,
- die Gewährung flexibler und individueller Nachteilsausgleiche.

Literaturempfehlungen zu Inhalten und zur Umsetzung von autismussensiblen Maßnahmen

Bernard-Opitz, V. (2015): Kinder mit Autismus-Spektrum-Störungen (ASS). Ein Praxishandbuch für Therapeuten, Eltern und Lehrer, 3. Aufl. Kohlhammer, Stuttgart

Bezirksregierung Düsseldorf (Hrsg.) (o.J.): Manual zur Erstellung einen schulischen Konzepts Inklusion. 2. Themenheft. Grundlagen und Hinweise für die Förderung von Schülerinnen und Schülern mit Autismus-Spektrum-Störungen (ASS) an allgemeinen Schulen. Düsseldorf. In: https://www.brd.nrw.de/schule/pdf/Inklusion_Themenheft2.pdf

Bundesverband Hilfe für das autistische Kind (2005): Asperger-Syndrom – Strategien und Tipps für den Unterricht. Hamburg

Niedersächsische Landesschulbehörde (Hrsg.) (2019): Handreichungen Autismus Niedersachsen. Schülerinnen und Schüler mit Autismus-Spektrum-Störungen im gemeinsamen Unterricht. Lüneburg.In: https://www.landesschulbehoerde-niedersachsen.de/themen/projekte/autismus/handreichungen-autismus-niedersachsen/view

Sautter, H., Schwarz, K., Trost, R. (Hrsg.) (2012): Kinder und Jugendliche mit Autismus-Spektrum-Störung. Neue Wege durch die Schule. Kohlhammer, Stuttgart

Schirmer, B. (2016): Schulratgeber Autismus-Spektrum-Störungen. 4. Aufl. Ernst Reinhardt, München

Schuster, N. (2016): Schüler mit Autismus-Spektrum-Störungen. Eine Innen- und Außenan-

sicht mit praktischen Tipps für Lehrer, Psychologen und Eltern. Kohlhammer, Stuttgart

Tuckermann, A., Häußler, A., Lausmann, E. (2012): Praxis TEACCH: Herausforderung Regelschule – Unterstützungsmöglichkeiten für Schüler mit Autismus-Spektrum-Störungen im lernzielgleichen Unterricht. Verlag Modernes Lernen, Dortmund

2.4 Nachteilsausgleich

Über den Förderschwerpunkt Autismus wird von der KMK (2018) eine Schülergruppe ausgewiesen, die der sonderpädagogischen Förderung und Beachtung bedarf. Schülern mit der Diagnose Autismus oder einer anderen Diagnose aus dem sogenannten Autismus-Spektrum, z.B. Rett-Syndrom oder Prader-Willi-Syndrom, wird in der Regel ein sonderpädagogischer Förderbedarf zugesprochen.

sonderpädagogischer Förderbedarf

Um an Regelschulen schulisch gefördert und inklusiv unterrichtet zu werden, haben sie dadurch u.a. Anspruch auf Nachteilausgleich (Werner-Frommelt 2017).

Lehrer sollten stets über den jeweiligen Umfang bzw. die jeweilige Art von Nachteilausgleichen bei Leistungsnachweisen etc. informiert sein.

Wie kann ein Nachteilsausgleich aussehen?

Um Schulausschlüsse zu vermeiden und das gesetzlich verbriefte Recht auf Bildung zu garantieren, werden Nachteilsausgleiche gewährt. In der Studie von Czerwenka (2017) stellte sich heraus, dass etwa jeder dritte Schüler solche Nachteilsausgleiche erhält. Diese können wie folgt aussehen:

- Arbeits-/Prüfungszeiten verlängern
- Aufgabenstellungen bei Klassenarbeiten didaktisch auf das Wesentliche reduzieren
- Möglichkeit der Nutzung eines zusätzlichen Lehr- und Lernraums (z.B. für Klassenarbeiten)
- schriftliche statt mündlichen Leistungen erlauben
- mündliche Leistungen nicht vor der ganzen Klasse erbringen lassen
- Unterstützung und Hilfen bei mündlichen Prüfungsleistungen zulassen und aktiv geben
- Gewichtung schriftlicher und mündlicher Prüfungsleistungen flexibel gestalten

- Arbeitsplatz individuell organisieren
- Hilfen zur zeitlichen und räumlichen Strukturierung geben
- Hilfen zur Strukturierung von Arbeitsabläufen gewähren
- Hilfen zur Strukturierung und Unterstützung der Kommunikation zulassen und anbieten
- Gehörschutz zulassen (Lärmpegel)
- auf soziale Arbeitsformen wie Partner- und Gruppenarbeit verzichten
- Komplexität von Unterrichtsinhalten reduzieren (z.B. Tafelanschrieb verkürzen, Aufgabenstellungen segmentieren und auf das Wesentliche reduzieren, größere Arbeitsblätter mit weniger Aufgaben)
- mit der Exaktheit üblicher schulischer Leistungen großzügiger umgehen, z.B. Schriftbild
- Hausaufgaben individuell anpassen
- Lückentexte anstelle von Diktaten
- auf Textinterpretationen verzichten
- die Benotung in Fächern wie Musik, Sport, Zeichnen kann ausgesetzt werden
- Pausen individuell regeln

autismus Deutschland (2017): Rechte von Menschen mit Autismus. Hamburg. In: www.autismus.de

Werner-Frommelt, A. (2017): Nachteilsausgleich. In: Noterdaeme, M., Ullrich, K., Enders, A. (Hrsg.) (2017): Autismus-Spektrum-Störungen (ASS). Ein integratives Lehrbuch für die Praxis. 2. Aufl. Kohlhammer, Stuttgart, 383–390

2.5 Förderdiagnostik

> *„Wer nicht weiß, wohin er will, der darf sich nicht wundern, wenn er ganz woanders ankommt" (Mark Twain).*

Diagnostik von Autismus-Spektrum-Störungen

Lehrkräfte an Regelschulen, die in ihrer Klasse einen Schüler mit einer Autismus-Spektrum-Störung planvoll entlang eines individuellen Förderplans beim Lernen in ihrem Unterricht unterstützen wollen, brauchen nicht nur förderpädagogisches Wissen, sondern auch Kompetenzen, um als Lehrer selbst förderdiagnostisch handeln und wirken zu können.

S3-Leitlinien der Diagnostik

Die Durchführung von Diagnostik ist nicht originäre Aufgabe von Lehrkräften an Regelschulen, schon gar nicht, um die Diagnose Autismus zu stellen oder zu bestätigen. Das ist und bleibt Medizinern und Psychologen vorbehalten, die sich dabei an den interdisziplinären S3-Leitlinien der Diagnostik bei Autismus-Spektrum-Störungen im Kindes-, Jugend- und Erwachsenenalter orientieren (AWMF 2016). Im Zentrum der Autismus-Diagnostik steht die gemeinsame ärztliche und psychologische Untersuchung mit Erstellung eines entwicklungsneurologischen Profils, ergänzt durch eine Beurteilung der Kommunikationsentwicklung und der Sprache. Es sollen die kognitiven Fähigkeiten und Fertigkeiten eingeschätzt werden. Bei Kindern und Jugendlichen soll ein Entwicklungs- bzw. ein mehrdimensionaler Intelligenztest durchgeführt werden, wenn eine ausreichende Kooperation hierfür vorliegt. Dabei sollten aktuell normierte Testverfahren verwendet werden. Ebenfalls ist die Durchführung von standardisierten Sprachentwicklungstests bei Kindern zu empfehlen, deren Sprachentwicklung auffällig ist. Neuropsychologische Testverfahren jeglicher Art sind für den diagnostischen Prozess nicht notwendig (AWMF 2016).

Testverfahren

Standardisierte klinische Testverfahren nach dem heutigen Goldstandard sind zum Beispiel:

- der ADOS (Diagnostische Beobachtungsskala für Autismus) (Poustka et al. 2015)
- der FSK (Fragebogen zur sozialen Kommunikation) (Bölte/Poustka 2009)
- der ADI–R (Diagnostisches Interview für Autismus – Revidiert) (Bölte/Rutter 2006)

verstehende Förderdiagnostik

Auch Verdachtsdiagnosen durch Lehrkräfte verbieten sich, um unnötige Stigmatisierungen, Mobbing und Minderwertigkeitgefühle zu vermeiden. Dennoch benötigen Lehrkräfte wertvolle Informationen über die individuellen Lern- und Entwicklungsprofile, die Nöte und Schwierigkeiten, aber auch die Ressourcen ihrer Schüler mit Autismus-Spektrum-Störung. Um solche Informationen zu gewinnen, bietet sich eine „verstehende Förderdiagnostik“ an, die sich in den Dienst der Pädagogik stellt und auch von Lehrern durchgeführt werden kann.

Das Buch „Förderdiagnostik konkret“ von Konrad Bundschuh (2019) zeigt, dass für das förderpädagogische Handeln von Lehrkräften an Regelschulen vor allem eine „qualitative Diagnostik“ sinnvoll und auch praktisch möglich ist, um Förder- und Lernprozesse in der inklusiven Praxis didaktisch planen und dann autismussensibel durchführen zu können.

Eine so verstandene Diagnostik dient der Informationsgewinnung durch offenes wie systematisches Beobachten der Schüler in ihrem Schulalltag mit dem Ziel, ihnen das schulische Lernen zu erleichtern, einzelne Entwicklungsbereiche (z.B. Wahrnehmung,

Kognition, Motorik, Kommunikation etc.) zu fördern, ihre Identität zu stärken, und ihre soziale Teilhabe zu sichern. Diese förderdiagnostische Begutachtung durch Regelschullehrer muss nicht zwangsläufig in ein klassisches sonderpädagogisches Gutachten in seiner Komplexität und Mehrdimensionalität münden.

Beobachtungsverfahren zur Erkennung möglicher Auffälligkeiten

Beobachtungsverfahren im pädagogischen Alltag

Zur Erkennung möglicher Auffälligkeiten hinsichtlich Autismus-Spektrum-Störungen im pädagogischen Alltag eignen sich u.a. folgende Beobachtungsverfahren:

- die **ASAS** (deutsche Übersetzung der „Australian Scale for Asperger's Syndrom"(-Melfsen et al. 2005) zur Erkennung autismuskritischer Auffälligkeiten,
- der Beobachtungsbogen **„Social Skills Assessment"** für soziale Fähigkeiten aus dem SOKO-Autismus (Häußler et al. 2016): Damit lassen sich zum einen bedeutsame Ressourcen und Defizite erkennen, zum anderen individuell passende Ansatzpunkte für eine Förderung der sozialen Interaktion identifizieren. Der Erhebungsbogen ist geeignet für Schüler jeder Altersgruppe mit unterschiedlichem Funktionsniveau.
- der **„Fragebogen zur Beobachtung von Spielen"** (Beyer/Gammeltoft 2002): Dieser ermöglicht eine Einschätzung der Spielinteressen und Spielhandlungen im pädagogischen Kontext (z.B. in Pausensituationen). Thematisiert werden beispielsweise Aspekte wie die eigenständige Wahl eines Spielmaterials sowie Initiative bei Spielhandlungen, das Sozialverhalten während des Spiels, Form des Spiels, Imitation und abwechselndes Handeln.
- der Beobachtungsbogen **„geschlossene Verhaltensbeobachtung"** nach Götze und Neukäter (1989): Er erlaubt eine strukturierte Unterrichtsbeobachtung mit vorher festgelegten, operationalisierten Verhaltensmerkmalen. Vorgegeben sind die Kategorien Selbststimulation, störendes Sozialverhalten, Ablenkbarkeit und unterrichtsbezogenes Verhalten mit jeweils diversen Merkmalen. Der Bogen kann zur Einschätzung von autismuskritischen Verhaltensweisen individuell angepasst werden (z.B. durch Ergänzung von weiteren Kategorien und Merkmalen, wie Kommunikation in Eigeninitiative, Kontaktaufnahme/-vermeidung oder stereotypes Verhalten).

Beobachtungsverfahren für Eltern

Wenn Eltern einen Verdacht auf Autismus bei ihrem Kind haben, können sie u.a. das EEFA (Elternexplorationsschema für frühkindlichen Autismus) zu Rate ziehen. Dies ersetzt jedoch keine ärztliche Diagnose!

Der EEFA ist online abrufbar unter: https://www.pukzh.ch/default/assets/File/4_4_EEFA.pdf

Poustka, F., Bölte, S., Feineis-Matthews, S., Schmötzer, G. (2004): Autistische Störungen. Hogrefe, Göttingen

Beobachtungsverfahren mit sonderpädagogischer Anleitung

Als Screeningverfahren zur Anwendung im pädagogischen Kontext unter Begleitung und Anleitung eines Sonderpädagogen (bzw. des MSD-A) sei die Autismus-Schätzskala CARS (Childhood Autism Rating Scale) empfohlen, mit Hilfe derer beurteilt werden kann, ob eine Autismus-Spektrum-Störung wahrscheinlich ist und wie schwer die Auffälligkeiten im Verhalten sind.

Ziel und Aufgabe von Regelschullehrern soll es sein, wachsam zu bleiben, was aktuell für das Kind mit ASS gut ist und deshalb bei der schulischen Förder- und Bildungsarbeit von den einzelnen Lehrkräften und im Team zu beachten ist.

Förderdiagnostik ist eine dynamisch-prozessuale Diagnostik, die immer wieder neue Kontexte zu verstehen und neue Frage- und Problemstellungen zu erhellen hat (Bundschuh 2019; Bundschuh/Winkler 2019). Abb. 8 gibt einen Überblick über einen dynamisch-prozessualen Ablauf der „verstehenden Diagnostik“.

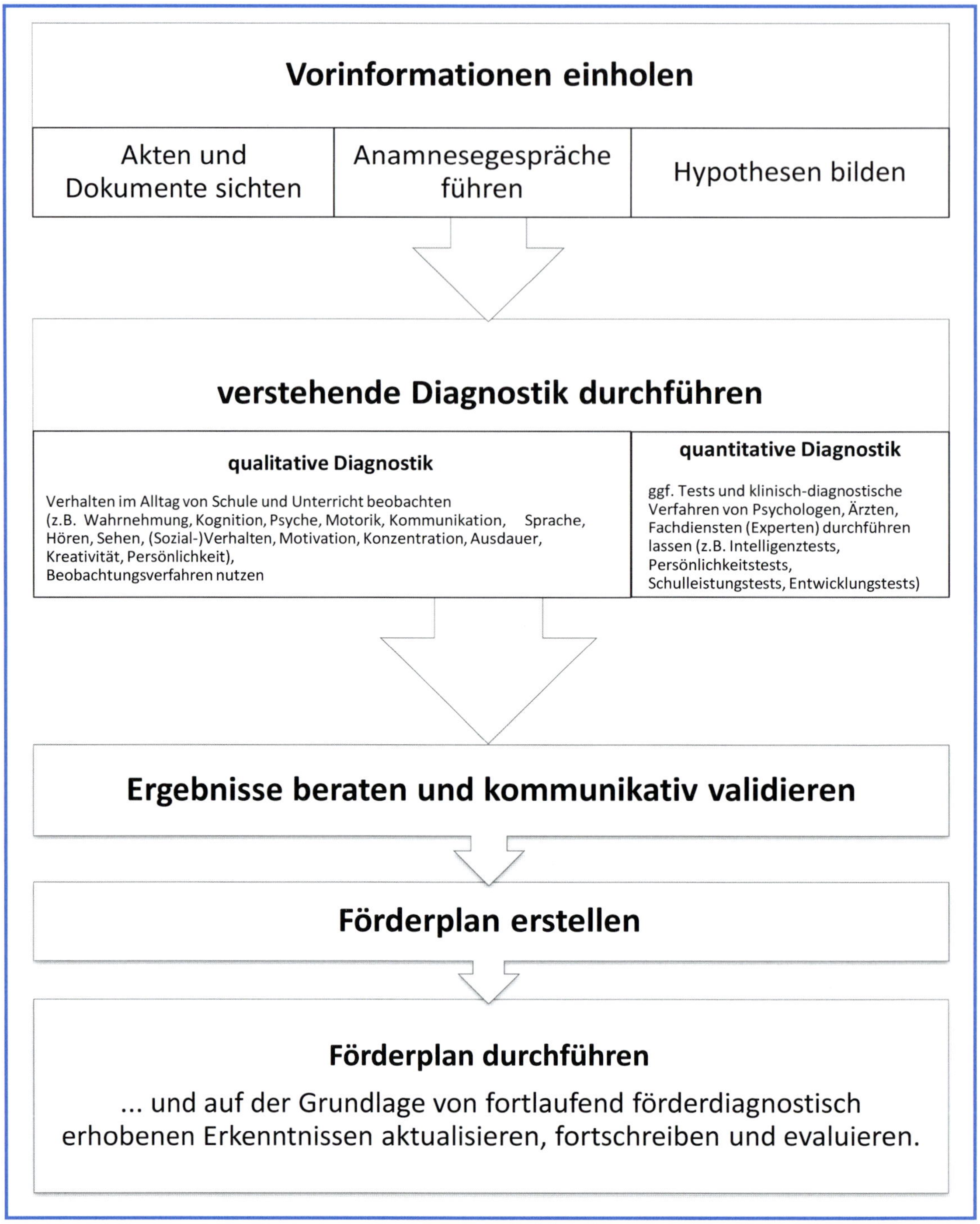

Abb. 8: Förderdiagnostische Gewinnung von Informationen über Schüler mit ASS durch Lehrkräfte an Regelschulen

Die Informationsgewinnung und damit der diagnostische Prozess sind nie abgeschlossen.

Hierzu kann es durchaus notwendig wie sinnvoll sein, zusätzlich diagnostische Tests und spezifische Verfahren, wie Schulleistungstests, Intelligenztests, Entwicklungstests sowie Persönlichkeitstests, durch die Schulpsychologie oder über die Eltern durch einschlägige Mediziner durchführen zu lassen. Bei der Erstellung von Förderplänen ist es wichtig, alle vorliegenden Ergebnisse einzubeziehen.

Einen Überblick über Tests und diagnostische Verfahren mit steckbriefartigen Beschreibungen gibt es auf der Homepage der Testzentrale unter: www.testzentrale.de.

Informationsquellen und Informationsgewinnung

Handlungsleitend sollten stets spezifische Fragestellungen sein, denen es testdiagnostisch gezielt nachzuspüren gilt. Auch wenn die Ergebisse solcher Tests Momentaufnahmen sind, erweist sich das Wissen aus der quantitativen Diagnostik, gerade in ihrer Ergänzung zur qualitativen Diagnostik, als sehr hilfreich für die pädagogische Förderarbeit. Nicht zuletzt gehört über die eigentliche diagnostische Phase der Informationsgewinnung hinaus die Sammlung von Vorinformationen ebenfalls und gleichberechtigt zur förderdiagnostischen Praxis. Hierbei werden vorab aus vorliegenden Dokumenten und Akten relevanter Einrichtungen (z.B. sozialpädiatrische Kinderzentren, Kliniken, Kindergarten, heilpädagogische Tagesstätten, Vorschulklassen oder schon besuchte Schulen), aber auch aus persönlichen Notizen aus Gesprächen mit Eltern oder anderen Bezugspersonen, behandelnden Ärzten, Therapeuten, Fachdiensten wie dem MSD-A, oder den Autismuskompetenzzentren alle verfügbaren Informationen gesichtet und zusammengetragen.

Anamnesegespräche und Hypothesenbildung

Solche Anamnesegespräche ermöglichen es nicht nur, den ganzheitlichen Blick auf die Lebensgeschichte zu richten, sie erhellen auch besondere Umstände, liefern entwicklungsrelevante Einsichten und schärfen das Bild über den Schüler mit ASS. Und dennoch bleiben oder ergeben sich zahlreiche Fragen, die es näher zu untersuchen und diagnostisch zu erkunden gilt. Dabei ist es hilfreich, Hypothesen aufzustellen. Vermutungen erleichtern nicht nur die Planung der Untersuchung, sie helfen auch bei der Entscheidung darüber, mit welchen diagnostischen Verfahren sich die besten Antworten darauf geben lassen. Bei all diesen Vorgängen ist selbstverständlich und zwingend der Datenschutz sicherzustellen.

Die förderdiagnostische Begutachtung von Schülern mit Autismus-Spektrum-Störungen gilt es, in Fortbildungen zu erlernen und praktisch zu üben. Informationen, wie sie über eine qualitative Diagnostik erhoben werden, sind nicht nur für den pädagogisch richtigen und wertschätzenden Umgang mit Schülern aus dem Autismus-Spektrum von Bedeutung, sondern ebenfalls für die Erstellung und Umsetzung eines Förderplanes unverzichtbar. Deshalb sollten die Ergebnisse der qualitativen Diagnostik regelmäßig in den Teambesprechungen der Lehrkräfte, auch unter Einbezug von Schulbegleitern und anderen Hilfskräften, ausgetauscht und so diskutiert werden, dass die daraus abgeleiteten Maßnahmen im Unterricht zielführend und für den sich entwickelnden Menschen gewinnbringend angewendet werden können.

Tipps hinsichtlich Fortbildungen mit dem Fokus auf Förderdiagnostik für Regelschullehrkräfte

Die Veranstaltung „Von der formellen Förderdiagnostik zum Förderplan: PEP–R/PEP–3 für Kinder" ist Teil einer Weiterbildungsreihe und wird von der Akademie de la Tour organisiert. Nähere Infos gibt es unter: https://www.team-autismus.de/va/von-der-formellen-foerderdiagnostik-zum-foerderplan-pep-r-pep-3-fuer-kinder-2/. Vom selben Veranstalter gibt es auch den Weiterbildungskurs „Von der formellen Förderdiagnostik zum Förderplan: AAPEP/TTAP für Erwachsene"; mehr dazu unter: https://www.team-autismus.de/va/von-der-formellen-foerderdiagnostik-zum-foerderplan-aapep-ttap-fuer-erwachsene/.

Literaturempfehlungen für Lehrkräfte mit Beobachtungsanregungen und -bögen

Attwood, T. (2016): Das Asperger-Syndrom. Das erfolgreiche Praxis-Handbuch für Eltern und Therapeuten. Georg Thieme, Stuttgart (enthält u.a. die deutsche Version des ASAS-Beobachtungsbogens)

Beyer, J., Gammeltoft, L. (2002): Autismus und Spielen. Kompensatorische Spiele für Kinder mit Autismus. Juventa, Weinheim

Melfsen, S., Warnke, A., Barkmann, C., Schulte-Markwort, M., Brähler, E. (2011): ASAS – Australian Scale of Asperger Syndrome. Deutsche Fassung. Diagnostik für Klinik und Praxis, (Band 6), 62–65

Sächsisches Staatsministerium für Kultus (oJ.): Material- und Methodensammlung zur Förderdiagnostik in Sachsen – Teil II: Geschlossene Verhaltensbeobachtung nach Neukäter und Götze. In: https://www.schule.sachsen.de/download/download_smk/material_foerderdiagnostik_teil2.pdf, 11.10.2019

2.6 Förderplanung

> *„Die Erfahrung lehrt, dass autistische Schüler mit hohen kognitiven Fähigkeiten, mit hinreichender sprachlicher Kommunikationskompetenz und mit angemessenem Sozialverhalten bei entsprechender individueller Förderung und Begleitung allgemeine und weiterführende Schulen besuchen können" (Schor/Schweiggert 2001, 71).*

Warum Förderplanung?

Jedes Kind ist einmalig und folgt seinem ganz eigenen entwicklungslogischen Plan. Gerade Schüler mit ASS sind ganz besondere Akteure in ihrer eigenen Entwicklung. Sie lassen sich oftmals weder durch sorgfältig vorbereitete Interventionen, noch durch strukturierte Angebote und Fördermaßnahmen von Lehrern beeinflussen oder, in kompensatorischer Absicht, von ihnen in gewünschte Richtungen verändern. Und dennoch würde planloses Erziehen, Unterrichten und Fördern einer unterlassenen Hilfeleistung gleichkommen. Das uneingeschränkte Recht auf eine qualitativ hochwertige Bildung fordert vorbehaltlos von Schule und Lehrkräften, Schüler mit ASS dort abzuholen, wo sie vor dem Hintergrund ihrer individuellen Lern- und Entwicklungsausgangslagen stehen. Klar ist, dass die Erstellung individueller Förderpläne einen Mehraufwand bedeutet, sei es hinsichtlich der Organisation und Ausarbeitung oder des Zugangs zur Diagnostik (Schäfer/Rittmeyer 2015).

Was genau ist ein Förderplan?

Ein Förderplan ist die logische Fortsetzung der Förderdiagnostik. Aus deren Erkenntnissen werden wohlbegründet relevante Förderziele abgeleitet und schriftlich in einem individuellen Förderplan festgehalten. Ein Förderplan weist klar formulierte Zielperspektiven aus und zeigt konkret auf, welche Ziele in welchen Lern- und Entwicklungsbereichen der Schüler mit ASS in welchem Zeitraum erreichen soll. Die dafür geeigneten Methoden und Unterstützungsmaßnahmen sind darin ebenso aufgeführt.

von Stärken und Ressourcen ausgehen!

Ausganspunkt der Planung sind die Stärken, die der Schüler hat und nicht seine Schwächen und Probleme. Deshalb gilt es, im Förderplan auch die Fähigkeiten und Ressourcen zu beschreiben, die ein Schüler (trotz oder gerade aufgrund ASS) hat und damit dessen Umsetzung erheblich zu erleichtern. Zugleich sind aber auch die Ressourcen des Umfeldes, also die sächlich-räumlichen Unterstützungsmöglichkeiten und die personellen Kompetenzen beteiligter interner wie externer Personen, zu beschreiben.

Einflussfaktoren entdecken!

Voraussetzung für die Erstellung eines Förderplanes ist es, zu erkennen, welche Wirkvariablen Einfluss auf das Lernen haben und wie der Schüler über den Fachunterricht hinaus grundlegend gefördert werden kann. Mitzudenken sind verschiedene Rehabilitationshilfsmittel wie z.B. elektronische Kommunikationsgeräte, Hörgeräte, aber auch ASS-spezifische therapeutische Verfahren (Noterdaeme et al. 2017). Da die Symptombreite bei Schülern mit ASS enorm ist und es sehr unterschiedliche Ausprägungsgrade gibt, kommt es immer auf die jeweils individuellen Kompetenzen bzw. Einschränkungen des Individuums an.

Das *eine* ASS-spezifische Förderkonzept für Schüler mit ASS gibt es nicht und kann es nicht geben.

Dennoch könnten Angebote z.B. im Rahmen der Unterstützten Kommunikation oder des Pre-Teachings (im Rahmen der Bereitstellung von Hintergrundwissen oder durch das Abholen des Schülers bzw. Orientierung des neuen Lernstoffes am aktuellen Wissensstand) helfen, dass der Schüler mit ASS in seiner persönlichen Entwicklung gestärkt wird, planvoll vorankommt und sich ihm Inhalte erschließen, die für ihn von Bedeutung sind. Deshalb kommen diese zurecht in den Bildungsplänen der Förderschulen vor (Markowetz 2019a). Ein Blick in diese Bildungspläne sei deshalb auch allen Regelschullehrern mehr als empfohlen.

Förderpläne geben Orientierung und sorgen als Arbeitsgrundlage mit hoher Verbindlichkeit dafür, dass sich alle Mitwirkenden an der Verwirklichung der gemeinsam formulierten, schriftlich vorliegenden und damit allseitig transparenten Zielen beteiligen.

Wenn irgendwie möglich, ist der Schüler mit ASS selbst bei der Erstellung „seines" Förderplans aktiv einzubeziehen.

Je mehr der Schüler mit ASS selbstbestimmt mitgestalten kann, desto besser ist die Aussicht auf Erfolg des Förderplans.

Da Eltern ihre Kinder und deren Wünsche und Möglichkeiten bestens kennen, sind sie nicht nur eine sehr gute Informationsquelle von hohem diagnostischen Wert, sondern wegen ihres Erfahrungshorizontes auch für die Förderplanerstellung wertvoll (-> 3.3).

Im Förderplan selbst sollten wenige und nur die Ziele benannt werden, die für den sich entwickelnden und lernenden Schüler im Hier und Jetzt eine Bedeutung haben. Unter- und Überforderung sollen vermieden und das Erreichen des nächsten Entwicklungsschritts soll priorisiert werden. Das legt nahe, dass Förderpläne oft nur kurze Halbwertszeiten haben und folgerichtig dynamisch fortgeschrieben werden müssen.

Der Förderplan ist in regelmäßigen Abständen – aufgrund von unerwarteten Ereignissen auch kurzfristig – anzupassen. Dabei sollte man sich an den sich verändernden Lern- und Entwicklungsaufgaben orientieren, welche förderdiagnostisch immer wieder abzuklären sind.

Der Förderplan ist immer wieder kritisch zu reflektieren und die Wirksamkeit der eingesetzten Methoden und Unterstützungsmaßnahmen zu evaluieren bzw. das Erreichen der Förderziele konstruktiv zu bewerten und zu protokollieren. Dabei ist anzuerkennen, dass ein Förderplan kein mikrodidaktisches Vorgehen für einzelne Unterrichtsstunden ist, sondern auf einer Metaebene formulierte Förder- und Entwicklungsziele ausweist, die eher mittel- bis langfristig binnen eines definierten Zeitraumes angestrebt werden. Daraus lassen sich wiederum Handlungsmöglichkeiten ableiten, die konkret im Unterricht und Schulalltag umgesetzt werden können. Das erfordert eine ständige Synchronisation der Ziele des Förderplans mit den Zielen des Unterrichts. Es empfiehlt sich, den Förderplan mindestens zweimal pro Schuljahr im Team mit allen Beteiligten zu diskutieren und ihn auf förderdiagnostischer Grundlage anzupassen.

Umsetzung eines Förderplans

Die Gestaltung eines Förderplanes ist sicherlich anspruchsvoll und komplex. Für die konkrete Erstellung ist es hilfreich, zu wissen, wie ein praxistauglicher und zudem ökonomisch angelegter Förderplan aufgebaut sein könnte und in welchen Bereichen Förder- und Entwicklungsziele formuliert werden können. Ausgehend vom Ist-Zustand sollen, im Sinne einer Vorwärtsbewegung, Ziele und Kompetenzen (Soll-Zustand) benannt und passende Methoden zum Erreichen dieser gewählt werden. Auch wenn die Inhalte eines Förderplans flexibel und individuell sind, lassen sich **zwei Dimensionen** hervorheben:

- der fachliche Bereich mit den Unterrichtsfächern (z.B. Deutsch, Mathematik, Kunst, Biologie, Sport, Werken usw.)
- der Entwicklungsbereich (z.B. Lernen, Kognition, Psyche, Persönlichkeit, Emotion, Sprache, Verhalten, soziale Interaktion, Wahrnehmung, Motorik, Konzentration, Alltagsbewältigung usw.)

Die Entwicklungsbereiche stellen somit die Bereiche dar, in denen sich der Mensch ab Geburt entwickelt, aber ggf. Unterstützung und Förderung benötigt. Darüber hinaus sehen Autismusexperten (Schirmer 2016) auch eine Reihe autismusspezifischer Förderbedarfe, wie z.B. wörtliches Sprachverständnis, Emotionslosigkeit bei Lob, stereotypes Verhalten, Spezialinteressen, visuelles Denken, fehlende Automatisierung von Handlungsabläufen, Schwierigkeiten beim Planen und Strukturieren von Aufgaben, sensorische Überempfindlichkeiten. Eine detaillierte Auflistung autismustypischer Besonderheiten und Schwierigkeiten zeigt Abb. 6.

Für die operative Umsetzung gibt es keine verbindlichen Vorgaben. Das in Abb. 9 angebotene Muster für die Förderplanung eines Schülers mit ASS ist deshalb als Vorschlag zu vestehen, der individuell verändert und inhaltlich ausgefüllt werden kann.

Individueller Förderplan

für: ...., Schüler/-in mit ASS in der Klasse: .... an der Schule: ...., in ....
für den Zeitraum von: .... bis .... im Schuljahr: ....

Wie lässt sich aktuell die erzieherisch-pädagogische Situation in Schule und Unterricht beschreiben? Welche Wirkvariablen begünstigen das Erreichen der Förderziele?

Welche Ressourcen des Schülers erleichtern die Umsetzung des Förderplans?	
• *Stärken*	
• *Kompetenzen*	
• *Ressourcen*	
• *Fähigkeiten*	

Welche Ressourcen des Umfeldes (sächlich-räumliche Unterstützungsmöglichkeiten, personelle Kompetenzen interner wie externer Personen/Institutionen) unterstützen und erleichtern die Umsetzung des Förderplans?

Mit welchen individuellen Fördermaßnahmen und Unterstützungsangeboten soll die/der Schüler/-in mit ASS in welchen Lern- und Entwicklungsbereiche in dem Förderzeitraum welche Förder- bzw. Entwicklungsziele erreichen bzw. welche Kompetenzen erwerben?

autismusspezifische **Förderbereiche**, z.B.	IST *Wie lässt sich die Ausgangslage in dem Förderbereich beschreiben?*	SOLL *Welche konkreten Förder- und Entwicklungsziele bzw. Kompetenzen sollen erreicht werden?*	*Welche Methoden/welche Unterstützungsmaßnahmen führen zum Erfolg?*	*Wie wird der Fördererfolg eingeschätzt? (0-5; kein Erfolg – sehr guter Erfolg)* 0 1 2 3 4 5
☐ Wahrnehmung				
☐ Motorik				
☐ Sprache				
☐ Kommunikation				
☐ Verhalten				
☐ soziale Interaktion				
☐ Emotion				
☐ Kognition				
☐ Psyche				
☐ Persönlichkeit				
☐ Arbeitsverhalten				
☐ Konzentration				
☐ Motivation				
☐ Spezialinteressen				
☐ sozialer Kontakt				
☐ Orientierung				
☐ Zeit und Raum				
☐ Alltagsbewältigung				
☐ Angst				
☐ Kooperation				
☐ schulisches Lernen				
☐ Regeln				
☐ Lernen, Logik				

Datum: **Unterschriften:**

Klassenlehrer/-in *Lehrkräfte/Team* *Eltern* *Schüler/-in*

Abb. 9: Muster eines Förderplans

Das Buch „Förderpläne entwickeln und umsetzen" von Kerstin Popp (2017) zeigt, dass Förderpläne wichtige Hilfsmittel bei der Gestaltung inklusiver Bildungsprozesse sind.

Memo

Eine verstehende Förderdiagnostik ist keine Diagnostik, die in defizitorientierter Absicht Schwächen aufdecken und Menschen aus dem Autismus-Spektrum als „Mängelwesen" ausweisen will, sondern in allererster Linie eine kontextuelle, prozessual-dynamische Diagnostik der (Förder-)Pädagogik, die herausfinden will, welche Stärken, Interessen und Kompetenzen der Mensch besitzt. Diese autismustypischen, sehr individuellen Fähigkeiten und Fertigkeiten sollten im Lichte dieses positiven Menschenbildes von Lehrkräften pädagogisch für Lern- und Entwicklungsprozesse in Schule und Unterricht gewinnbringend genutzt, gefördert und unterstützt werden. So ist es möglich, Schülern mit ASS chancengleich eine qualitativ hochwertige Bildung und ein effektives Lernen über die gesamte Schulzeit hinweg und unabhängig vom Förderort zu ermöglichen, ohne dabei die Probleme auszublenden, die mit Autismus-Spektrum-Störungen einhergehen. Förderdiagnostik ist Stärkendiagnostik und Förderplanung ist Unterstützungsplanung!

3 Kooperation mit Fachkräften und Eltern

Sich Unterstützung durch Experten zu holen bzw. mit Fachkräften und Eltern/der Familie zu kooperieren, ist hinsichtlich der Komplexität und je nach individueller Ausprägung der Autismus-Spektrum-Störung sehr zu empfehlen. Neben der Einbeziehung von Schulbegleitern, die sozialintegrativ arbeiten und Teilaufgaben im Auftrag und in enger Abstimmung mit der Lehrkraft übernehmen (-> 3.1), können Mitarbeiter des Mobilen Sonderpädagogischen Dienstes (MSD) hinzugezogen werden, um Kompetenzen anzubahnen und deren Entfaltung zu fördern (-> 3.2).

Des Weiteren sind Eltern oftmals die größten Experten, wenn es um ihre Kinder geht. Ein regelmäßiger Austausch, enge Absprachen und stete Kommunikation können helfen, Schüler mit ASS in ihrem Gesamtkontext besser zu verstehen (-> 3.3).

3.1 Schulbegleiter

Beantragung eines Schulbegleiters

Schulbegleiter gelten als individuelle Hilfen zur angemessenen Schulbildung, u.a. für Schüler mit ASS, und werden über die Eingliederungshilfe nach § 54 SGB XII finanziert. Je nach Bundesland wird der Schulbegleiter auch als Schulassistenz, als Integrationshilfe, als Schulhilfe oder als Individualbetreuung bezeichnet (Weidenhiller et al. 2018). Schulbegleiter sind von den Eltern bei Jugendämtern, den Bezirken, Bildungszentren oder auch Schulen selbst (abhängig vom Bundesland) zu beantragen.

Aufgaben von Schulbegleitern

Schulbegleiter arbeiten sozialintegrativ zum Wohle des Kindes und übernehmen Teilaufgaben in Schule und Unterricht, im Auftrag und in enger Abstimmung mit der Lehrkraft. Die Aufgaben von Schulbegleitern gestalten sich vielfältig. Ein Schulbegleiter begleitet Kinder und Jugendliche mit unterschiedlichen Auffälligkeiten im schulischen Alltag, wenn sie diesen aufgrund ihrer besonderen Bedürfnisse bezüglich Lernen, Verhalten, Kommunikation oder medizinischer Versorgung nicht allein bewerkstelligen können (Dworschak 2010). Insbesondere bieten Schulbegleiter Hilfestellungen in lebenspraktischen Angelegenheiten, übernehmen einfache pflegerische Tätigkeiten, unterstützen in der begleiteten oder eigenständigen Mobilität oder im sozialen und emotionalen Bereich, z.B. bei Problemen in der Kommunikation mit Lehrkräften und Mitschülern (StMBW 2013; Markowetz/Jerosenko 2016).

Einsatz und Ausbildung von Schulbegleitern

Zwar liegen bundesweit keine zuverlässigen Daten zum Einsatz von Schulbegleitern vor, allerdings stieg dieser in Bayern zwischen 2009 und 2016 von 400 auf 1600 (Bayerischer Bezirketag 2018). Eine ähnliche Entwicklung in den anderen deutschen Bundesländern liegt nahe.

Fest steht, dass sich die Art des Einsatzes, die schulische Implementierung, aber auch die Ausbildung der Schulbegleiter weiterentwickeln müssen und aktuell noch nicht abgeschlossen sind (Dworschak/Markowetz 2019). Da es sich bei dem Begriff „Schulbegleiter" um kein überregional anerkanntes Berufsbild handelt, müssen diese bis dato über keine Ausbildung verfügen, was sich u.a. an folgendem Zitat aus einer Untersuchung von Weiß und Markowetz (2017, 265) zeigt: „Paul, 60 Jahre, arbeitsloser Grafiker, Schamane, hat sich spontan entschieden, als Schulbegleiter zu arbeiten".

Zusammenfassend lässt sich sagen, dass Schulbegleiter als individuelle Unterstützer eines Schülers mit ASS den Unterricht und den Schulalltag erleichtern können, sofern sie mit den Lehrern kooperieren und sich absprechen, damit Aufgaben und Zuständigkeiten geregelt sind. Um dem Anspruch von Inklusion und Chancengerechtigkeit im System Schule gerecht zu werden, bedarf es der Intensivierung der Zusammenarbeit von Jugendhilfe und Schule (Markowetz/Schwab 2012).

autismus Deutschland, Wilczek, B. (2007): Schulbegleitung für Schülerinnen und Schüler mit Asperger-Syndrom. Hamburg. In: www.autismus.de

3.2 Mobiler Sonderpädagogischer Dienst

Aufgabenbereiche

Der Mobile Sonderpädagogische Dienst (MSD) bietet individuelle Unterstützung bei der Erziehung und Unterrichtung von Kindern und Jugendlichen mit sonderpädagogischem Förderbedarf an Regelschulen. Nicht nur Schüler können Unterstützung bekommen – sondern auch Lehrkräfte sowie Erziehungsberechtigte können sich an den MSD wenden. Die Kernaufgaben des MSD liegen in folgenden Bereichen (ISB 2015):

- Beratung von Lehrkräften, Erziehungsberechtigten und Schülern zu Fragen der Unterstützung bei sonderpädagogischem Förderbedarf während der Schullaufbahn
- Diagnostik von Entwicklungsstand und Lernvoraussetzungen bei vorliegendem oder vermutetem sonderpädagogischen Förderbedarf
- Empfehlung und ggf. Durchführung individueller sonderpädagogischer Fördermaßnahmen
- Koordination schulischer und außerschulischer Ansprechpartner und Angebote für Schüler mit sonderpädagogischem Förderbedarf, z.B. von Erziehungsberechtigten und Lehrkräften

MSD-A

Für Schüler mit ASS gibt es keinen eigenen Lehrplan, der spezielle schulische Lerninhalte oder persönliche Entwicklungsaufgaben berücksichtigen würde. Um eine Beschulung im inklusiven Setting zu erleichtern, können oft auch exklusive Förderstunden von Sonderpädagogen des Mobilen Sonderpädagogischen Dienstes – Autismus (MSD-A) sinnvoll sein. In diesem Rahmen werden Kompetenzen, z.B. in den Bereichen Wahrnehmung, Motorik, Sozialverhalten oder Kommunikation, geschult. Dabei werden ggf. technische Hilfen einbezogen, wie sie z.B. die Unterstützte Kommunikation bereithält (Tuckermann et al. 2012; -> 2.3.3). Um solche Fördereinheiten sicherzustellen, ist die Zusammenarbeit mit sonderpädagogischen Fachkräften und eine kollegiale Kooperation mit dem MSD unentbehrlich.

Schulen, die Schüler mit Verdacht auf ASS unterrichten, können Beratungsgespräche und Dienstleistungen des MSD-A in Anspruch nehmen und/oder sonderpädagogische Förderstunden durch eine Förderschullehrkraft beantragen.

Sehr interessante und immer aktuelle Informationen des MSD, und insbesondere des MSD-A, können auf der Homepage des Staatinstitutes für Schulqualität und Bildungsforschung (ISB) unter folgendem Link eingesehen werden: https://www.isb.bayern.de/foerderschulen/mobil-sonderpaedagogische-dienste-msd/msd-infobriefe-autismus-spektrum-stoerung/. Neben einem Leitfaden für das Erstgespräch mit Eltern, erhalten Lehrer Informationen zu Themen wie Aufklärung von Mitschülern, Intervention oder Gelingensfaktoren für Schulbegleitung (-> 4.).

3.3 Eltern/Familie

Eltern sind oftmals die besten Experten, wenn es um die individuellen Kompetenzen und Gewohnheiten ihres Kindes geht.

Eltern als Experten ihrer Kinder

Eine kooperative, sich gegenseitig wertschätzende und auf Augenhöhe stattfindende Zusammenarbeit zwischen Lehrern und Eltern ist sinnvoll und oftmals sehr gewinnbringend für alle Beteiligten. Eltern bzw. die Familienangehörigen oder Sorgeberechtigten haben im Alltag mit ihrem Kind mehrfach erfahren, welche Strategien im Umgang wirken, was die Kinder in bestimmten Situationen brauchen, auf was man achten sollte oder was ihnen gut tut.

Rituale, wiederkehrende Gewohnheiten oder tradierte Abläufe geben allen Kindern – nicht nur Kindern mit ASS – Sicherheit. Daher bietet es sich an, ggf. passende Gewohnheiten – wie z.B. die Reihenfolge beim An- und Ausziehen oder auch Abläufe vor, während und nach dem Essen – von zu Hause auf den schulischen Kontext zu übertragen.

Erziehungspartnerschaft

Wissens- und Erfahrungsaustausch bezüglich diverser Therapien, medizinischer Untersuchungen oder des Verhaltens des Kindes zu Hause und in der Schule kann helfen, das Verhalten des Kindes besser zu verstehen. Grundsätzlich spricht man dann von einer gelungenen Kooperation zwischen Eltern und Lehrern, wenn eine „Erziehungspartnerschaft“ entsteht, die durch ein gemeinsames Ziel gekennzeichnet ist: die optimale Erziehung und Bildung des Kindes mit ASS (Schirmer 2016; Vorholz/Mienert 2012) (Abb. 10).

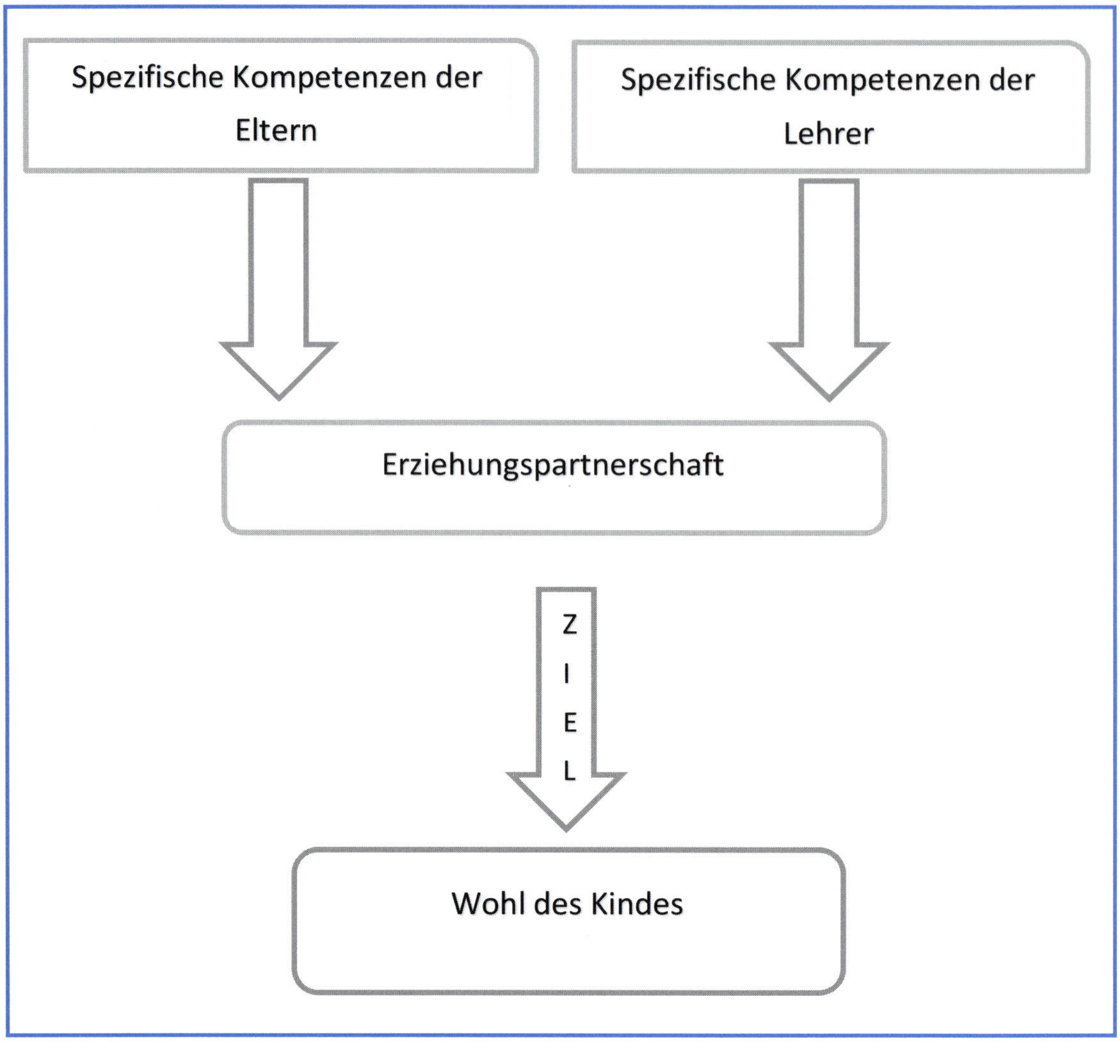

Abb. 10: Erziehungspartnerschaft (Vorholz/Mienert 2012)

Faktoren für das Gelingen von Elternarbeit

Damit die Elternarbeit gelingt und eine Erziehungspartnerschaft zustande kommen kann, sind folgende Aspekte zu beachten:

- Transparenz
- Motivation
- wertschätzende Haltung (im Sinne von Respekt, Zuverlässigkeit, Hilfsbereitschaft und Verantwortungsbewusstsein)
- Bereitschaft zur Perspektivübernahme/Verständnis für das Gegenüber aufbringen
- Gesprächsregeln beachten
- Geduld und Offenheit

Der „Leitfaden für Erstgespräche mit Eltern von Kindern mit Autismus" des Mobilen Sonderpädagogischen Dienstes (verfügbar unter https://www.isb.bayern.de/download/17636/a4a_leitfaden_erstgespraech_mit_eltern.pdf) kann helfen, eine gute Kooperation zwischen Eltern und Lehrkräften zu initiieren.

Hilfreich sind darüber hinaus einschlägige Ratgeber und praktische Tipps für Lehrer und Eltern, z.B.:

Schirmer, B. (2019): Nur dabei zu sein reicht nicht. Lernen im inklusiven schulischen Setting. Kohlhammer, Stuttgart

Schuster, N. (2016): Schüler mit Autismus-Spektrum-Störungen. Eine Innen- und Außenansicht mit praktischen Tipps für Lehrer, Psychologen und Eltern. Kohlhammer, Stuttgart

Eltern von Schülern mit ASS sind es oftmals gewohnt, ständiger Kritik am Verhalten ihrer Kinder ausgesetzt zu sein. Deshalb zählt zu den Gelingensfaktoren einer Erziehungspartnerschaft des Weiteren, den Eltern die Entwicklungsfortschritte, Leistungen und Erfolge ihrer Kinder positiv rückzumelden.

Memo

Schülern mit der Diagnose einer Autismus-Spektrum-Störung wird ein sonderpädagogischer Förderbedarf zugesprochen. Bei einer inklusiven Beschulung in einer Regelschule kann Unterstützung erfragt werden, z.B. in Form einer Schulbegleitung oder durch den Mobilen Sonderpädagogischen Dienst. Darüber hinaus sind Eltern die besten Experten, wenn es um ihre Kinder geht. Kooperationen in allen möglichen Gebieten können den Arbeitsalltag für Lehrer erleichtern.

4 Informationsquellen und Literaturtipps

Literaturempfehlungen, für einen Überblick über Autismus-Spektrum-Störungen und zur inklusiven Beschulung

Arens-Wiebel, C. (2019): Autismus. Was Eltern und Pädagogen wissen müssen. Kohlhammer, Stuttgart

autismus Deutschland e.V. (Hrsg.) (2011): Inklusion von Menschen mit Autismus. Loeper, Karlsruhe

Bölte, S. (2009): Autismus. Spektrum, Ursachen, Diagnostik, Intervention, Perspektiven. Hogrefe, Göttingen

Girsberger, T. (2019): Die vielen Farben des Autismus. Spektrum, Ursachen, Diagnose, Therapie und Beratung. Kohlhammer, Stuttgart

Noterdaeme, M., Ullrich, K., Enders, A. (Hrsg.) (2017): Autismus-Spektrum-Störungen (ASS). Ein integratives Lehrbuch für die Praxis. 2. Aufl. Kohlhammer, Stuttgart

Poustka, F., Bölte, S., Feineis-Matthews, S., Schmötzer, G. (2009): Ratgeber Autistische Störungen. Informationen für Betroffene, Eltern, Lehrer und Erzieher. Hogrefe, Göttingen

Poustka, F., Bölte, S., Feineis-Matthews, S., Schmötzer, G. (2004): Autistische Störungen. Leitfaden Kinder- und Jugendpsychotherapie. Hogrefe, Göttingen

Remschmidt, H. (2012): Autismus. Erscheinungsformen, Ursachen, Hilfen, 5. Aufl. C.H. Beck, München

Schirmer, B. (2019): Nur dabei zu sein reicht nicht. Lernen im inklusiven schulischen Setting. Kohlhammer, Stuttgart

Schuster, N. (2016): Schüler mit Autismus-Spektrum-Störungen. Eine Innen- und Außenansicht mit praktischen Tipps für Lehrer, Psychologen und Eltern. Kohlhammer, Stuttgart

Theunissen, G., Sagrauske, M. (2019): Pädagogik bei Autismus. Eine Einführung. Kohlhammer, Stuttgart

Tipps für Lehrkräfte zum Förderschwerpunkt Autismus in Deutschland

Unterstützung und Informationen zu ASS bietet der Mobile Sonderpädagogische Dienst – Autismus (MSD-A). Das **Staatsinstitut für Schulqualität und Bildungsforschung** *(ISB) bietet auf seiner Webseite lesenswerte Infobriefe des MSD-A, auch mit praktischen Hinweisen zu einzelnen Aspekten. Die insgesamt zehn MSD-A-Infobriefe stehen als Dateien im PDF-Format zum Download zur Verfügung unter: www.isb.bayern.de/foerderschulen/uebersicht/msd-infobriefe-autismus-spektrum-stoerung/.*

Die Inklusion von Schülern mit Autismus-Spektrum-Störungen erfordert eine intensive, vertrauensvolle Kooperation zwischen dem MSD-A und der allgemeinen Schule. Informationen über die MSD-A in Oberbayern, Niederbayern, Oberpfalz, Oberfranken und Mittelfranken können auf der Homepage des ISB unter den entsprechenden Links eingesehen werden: http://www.inklusion.schule.bayern.de/foerderschwerpunkte/autismus/.

Mit Blick auf das diagnostische Vorgehen sind darüber hinaus die interdisziplinären Leitlinien der **Deutschen Gesellschaft für Kinder- und Jugendpsychiatrie, Psychosomatik und Psychotherapie** *(DGKJP) und der* **Deutschen Gesellschaft für Psychiatrie und Psychotherapie, Psychosomatik und Nervenheilkunde** *(DGPPN) von Bedeutung, welche unter folgendem Link eingesehen werden können: https://www.awmf.org/uploads/tx_szleitlinien/028-018l_S3_Autismus-Spektrum-Stoerungen_ASS-Diagnostik_2016-05.pdf.*

Die Seite **„Autismus-Kultur“** *hat ein Betroffener ins Leben gerufen. Ziel ist es, die Störung verständlich und zugängig zu machen. Es werden Informationsmaterialien zu den unterschiedlichen Ausprägungen von Autismus geboten. Außerdem findet sich dort ein Ratgeber zur Wahrnehmung von Menschen mit ASS sowie mit Tipps zur Eingliederung und zum Lernen in der Schule: https://autismus-kultur.de/.*

Sehr informativ ist die Homepage von **autismus Deutschland e.V.**, *dem Bundesverband zur Förderung von Menschen mit ASS: www.autismus.de. Dort sind Literaturhinweise auf die aktuelle deutschsprachige Literatur zum Thema Autismus, Hinweise auf Fortbildungen und ein Serviceteil mit wertvollen Materialien zum Downloaden zu finden. Konkrete Tipps zur Beschulung von Schülern mit ASS sind unter https://www.autismus.de/fileadmin/user_upload/Leitlinien_des_Bundesverbandes_autismus_Deutschland_e.V._zur_inklusiven_Beschulung_Feb13.pdf aufgeführt. Filme und Videosequenzen über und von Menschen mit ASS machen das Thema zugänglich.*

Der Landesverband **autismus Bayern e.V.** *zur Förderung von Menschen mit Autismus möchte auf seiner Homepage www.autismus-bayern.de ebenfalls zahlreiche Fachinformationen anbieten, gibt darüber hinaus regionale, auf Bayern bezogene Hinweise auf die Selbsthilfelandschaft und benennt wichtige Ansprechpartner.*

Neben zahlreichen Informationen zu Stand und Fortgang der Inklusion in Bayern, bietet das **Bayerische Staatsministerium für Unterricht und Kultus** *auf seiner Webseite zahlreiche Filme über die Inklusionspraxis: www.km.bayern.de/ministerium/schule-und-ausbildung/inklusion/videos-zur-inklusion-in-bayern.html.*

Darüber hinaus gibt es in Bayern in allen sieben Regierungsbezirken „Kompetenzzentren und Netzwerkstellen Autismus", auf deren Webseiten ebenfalls zahlreiche weiterführende Informationen sowie ein breites Angebot an Hilfe- und Unterstützungsleistungen für Betroffene und ihre Angehörigen zu finden sind.

Tipps für Lehrkräfte zum Förderschwerpunkt Autismus in der Schweiz

Der Verein **„Autismus Deutsche Schweiz"** *betreibt eine umfangreiche Arbeit im Bereich der Informationsvermittlung, Lobby- und Öffentlichkeitsarbeit. Außerdem veranstalten die Betreiber Fachtagungen, Workshops, Kurse, Ferienlager und andere Vernetzungsanlässe. Zudem werden Informationsmaterialien und Broschüren herausgegeben. Es werden Projekte initiiert, die eine Verbesserung der Situation von Betroffenen und deren Umfeld anstreben. Alle Infos gibt es unter https://www.autismus.ch/.*

Tipps für Lehrkräfte zum Förderschwerpunkt Autismus in Österreich

Der Dachverband **„Österreichische Autistenhilfe"** *(ÖAH) ist Kompetenzzentrum und bundesweite Koordinations- und Beratungstelle sowie Interessensvertretung von Menschen mit Autismus-Spektrum-Störungen, ihren Eltern, Angehörigen und anderen Bezugspersonen. Der Verband bietet Beratung, Diagnostik, Therapie und Fachassistenz für Kinder, Jugendliche und Erwachsene mit Autismus-Spektrum-Störungen, veranstaltet Fachtagungen, Workshops, Aus- und Fortbildungen, bietet Informationsmaterialien und Broschüren, u.a. mit Tipps für Lehrpersonen, betreibt eine eigene Bibliothek und gibt einen Newsletter heraus, alles zu finden unter https://www.autistenhilfe.at/.*

Literatur

American Psychiatric Association (APA) (2013): Diagnostic and Statistical Manual of Mental Disorders (DSM-5 (R)). American Psychiatric Association Publishing, Virginia

Amorosa, H. (2017): Klassifikation und Epidemiologie. In: Noterdaeme, M., Ullrich, K., A. Enders, A. (Hrsg.): Autismus-Spektrum-Störungen (ASS). Ein integratives Lehrbuch für die Praxis. Kohlhammer, Stuttgart, 26–50

Amorosa, H. (2010): Klassifikation und Epidemiologie. In: Noterdaeme, M., Ullrich, K., Enders, A. (Hrsg.): Autismus-Spektrum-Störungen (ASS). Ein integratives Lehrbuch für die Praxis. Kohlhammer, Stuttgart, 19–34

Arbeitsgemeinschaft der Wissenschaftlichen Medizinischen Fachgesellschaften (AWMF) (2016): S3-Leitlinie. Autismus-Spektrum-Störungen im Kindes-, Jugend- und Erwachsenenalter, Teil 1: Diagnostik. In: https://www.awmf.org/uploads/tx_szleitlinien/028-018l_S3_Autismus-Spektrum-Stoerungen_ASS-Diagnostik_2016-05.pdf, 11.10.2019

autismus Deutschland e.V. (2019a): Was ist Autismus? In: https://autismus.de/was-ist-autismus.html, 27.5.2019

autismus Deutschland e.V. (2019b): Infoblatt: Was ist Autismus? In: https://www.autismus.de/fileadmin/user_upload/Was_ist_Autismus_Infoblatt_A4_2018.pdf, 27.5.2019 Bayerischer Bezirketag (2018): Bezirketag.info 3/2018. In: http://www.bay-bezirke.de/downloads/7c0c1fafefc68efb0c20e55ec920d651_Bezirketag.info_3_2018.pdf, 1.8.2018

Bayerisches Staatsministerium für Unterricht und Kultus (StMBW) (2013): Einsatz von Schulbegleitern an allgemeinen Schulen und Förderschulen bei der Beschulung von Schülerinnen und Schülern mit (drohender) seelischer Behinderung i.S.d. § 35a SGB VIII (8. Buch Sozialgesetzbuch – Kinder- und Jugendhilfe). In: http://www.km.bayern.de/download/7437_gem_empfehlungen_schulbegleiter_sgb_viii_final_dez_2013.2.pdf, 31.5.2019

Beyer, J., Gammeltoft, L. (2002): Autismus und Spielen. Kompensatorische Spiele für Kinder mit Autismus. Juventa, Weinheim

Bleuler, E. (1911): Dementia praecox oder Gruppe der Schizophrenien. Deuticke, Leipzig

Bölte, S. (2009): Autismus. Spektrum, Ursachen, Diagnostik, Intervention, Perspektiven. Hogrefe, Göttingen

Bölte, S., Poustka, F. (2009): FSK. Fragebogen zur sozialen Kommunikation. Autismus Screening. Deutsche Fassung des Social Communication Questionnaire (SCQ) von Michael Rutter, Anthony Bailey und Catherine Lord. Huber, Bern

Bölte, S., Rutter, M. (2006): ADI-R. Diagnostisches Interview für Autismus – Revidiert. Deutsche Fassung des Autism Diagnostic Interview – Revised von Michael Rutter, Ann Le Couteur und Catherine Lord. Huber, Bern

Bundschuh, K. (2019): Förderdiagnostik konkret. Theorie und Praxis für die Förderschwerpunkte Lernen, geistige, soziale und emotionale Entwicklung. Klinkhardt, Bad Heilbrunn

Bundschuh, K., Winkler, C. (2019): Einführung in die sonderpädagogische Diagnostik. 9. Aufl. Ernst Reinhardt, München

Cloerkes, G. (2007): Soziologie der Behinderten. Eine Einführung. 3. Aufl. Universitätsverlag Winter, Heidelberg

Czerwenka, S. (2017): Umfrage von autismus Deutschland e.V. zur schulischen Situation von Kindern und Jugendlichen mit Autismus. Autismus 83, 42–48. In: https://www.autismus.de/fileadmin/RECHT_UND_GESELLSCHAFT/Heft_83_Artikel_Schulumfrage.pdf, 1.8.2018

Deutsche Gesellschaft für Kinder- und Jugendpsychiatrie, Psychosomatik und Psychotherapie (DGKJP) (2016): Autismus-Spektrum-Störungen im Kindes-, Jugend- und Erwachsenenalter, Teil 1: Diagnostik. DGKJP, Frankfurt am Main

Deutsches Institut für Medizinische Dokumentation und Information (DIMDI) (2018): ICD-10-GM Version 2019. Internationale statistische Klassifikation der Krankheiten und verwandter Gesundheitsprobleme, 10. Revision. Köln

Dworschak, W. (2010): Schulbegleiter, Integrationshelfer, Schulassistent? Begriffliche Klärung einer Maßnahme zur Integration in die Allgemeine Schule bzw. die Förderschule. Teilhabe 49 (3), 131–135

Dworschak, W., Markowetz, R. (2019): Professionalisierung von Schulbegleitung in der inklusiven Schule. Ausgangsbedingungen und Qualifizierungscurriculum. In: Syrng, M., Weiß, S. (Hrsg.): Lehrer(in) sein – Lehrer(in) werden – die Profession professionalisieren. Klinkhardt, Bad Heilbrunn, 195–212

Eckert, A., Sempert, W. (2012): Kinder und Jugendliche mit Autismus-Spektrum-Störungen in der Schule. Entwicklung eines Rahmenmodells der schulischen Förderung. Vierteljahresschrift für Heilpädagogik und ihre Nachbargebiete 81 (3), 221–233

Freitag, C.M., Kitzerow, M., Medda, J., Soll, S.,

Cholemkery, H. (2017): Autismus-Spektrum-Störungen. Leitfaden Kinder und Jugendpsychotherapie, Band 24. Hogrefe, Göttingen

Götze, H., Neukäter, H. (Hrsg.) (1989): Pädagogik bei Verhaltensstörungen. Handbuch der Sonderpädagogik, Band 6. Ed. Marhold im Wissenschaftsverlag Spiess, Berlin, 520–545

Häußler, A. (2005): Der TEACCH-Ansatz zur Förderung von Menschen mit Autismus. Verlag Modernes Lernen, Dortmund

Häußler, A., Happel, C., Tuckermann, A., Altgassen, M., Adl-Amini, K. (2016): SOKO Autismus: Gruppenangebote zur Förderung sozialer Kompetenzen bei Menschen mit Autismus; Erfahrungsbericht und Praxishilfen. Verlag Modernes Lernen, Dortmund

Kultusministerkonferenz (KMK) (2019): Sonderpädagogische Förderung in allgemeinen Schulen. In: https://www.kmk.org/fileadmin/Dateien/pdf/Statistik/Dokumentationen/Aus_SoPae_Int_2017.pdf, 3.4.2019

Kultusministerkonferenz (KMK) (2018): Bildung in Deutschland 2018. Ein indikatorengestützter Bericht mit einer Analyse zur Bildung von Menschen mit Behinderung. In: https://www.bildungsbericht.de/de/bildungsberichte-seit-2006/bildungsbericht-2018/pdf-bildungsbericht-2018/bildungsbericht-2018.pdf, 22.6.2019

Kultusministerkonferenz (KMK) (2000): Empfehlungen zu Erziehung und Unterricht von Kindern und Jugendlichen mit autistischem Verhalten. In: https://www.kmk.org/fileadmin/veroeffentlichungen_beschluesse/2000/2000_06_16-Empfehlung-autistisches-Verhalten.pdf, 22.5.2019

Markowetz, R. (2019a): Inklusiver und exklusiver Unterricht. In: Hochstadt, Ch., Olsen, R. (Hrsg.): Deutschunterricht und Inklusion. Beltz, Weinheim, 62–77

Markowetz, R. (2019b): Inklusion im Förderschwerpunkt geistige Entwicklung. In: Schäfer, H. (Hrsg.): Handbuch Förderschwerpunkt Geistige Entwicklung. Grundlagen, Spezifika, Fachorientierung, Lernfelder. Beltz, Weinheim, 209–233

Markowetz, R. (2019c): Autismus-Spektrum-Störungen. In: Heimlich, U., Kiel. E. (Hrsg.): Studienbuch Inklusion. Klinkhardt, Bad Heilbrunn, 107–120

Markowetz, R., Jerosenko, A. (2016): Integrationshelfer in der inklusiven Schule. In: https://bildungspakt-bayern.de/wp-content/uploads/2016/09/Abschlussbericht_wissenschaftliche_Begleitung.pdf, 1.8.2018

Markowetz, R., Schwab, J.E. (2012): Die Zusammenarbeit von Jugendhilfe und Schule. Inklusion und Chancengerechtigkeit zwischen Anspruch und Wirklichkeit. Klinkhardt, Bad Heilbrunn

Melfsen, S., Walitza, S., Attwood, A., Warnke, A. (2005): Validierung der deutschen Version der Australian Scale of Asperger's Syndrome (ASAS). Zeitschrift für Kinder- und Jugendpsychiatrie und Psychotherapie 33 (1), 27–34

Neurologen und Psychiater im Netz (2019): Was sind Autismus-Spektrum-Störungen? In: https://www.neurologen-und-psychiater-im-netz.org/kinder-jugend-psychiatrie/erkrankungen/autismus-spektrum-stoerung-ass/was-sind-autismus-spektrum-stoerungen/, 8.2.2019

Noterdaeme, M., Ullrich, K., Enders, A. (Hrsg.) (2017): Autismus-Spektrum-Störungen (ASS). Ein integratives Lehrbuch für die Praxis. 2. Aufl. Kohlhammer, Stuttgart

Parsons, S., Guldberg, K., MacLeod, A., Jones, G., Prunty, A., Balfe, T. (2011): International review of the evidence on best practice in educational provision for children on the autism spectrum. European Journal of Special Needs Education 26 (1), 47–63

Poustka, L., Rühl, D., Feineis-Matthews, S., Bölte, S., Poustka, F., Hartung, M. (2015): ADOS-2. Diagnostische Beobachtungsskala für Autistische Störungen – 2. Deutschsprachige Fassung der Autism Diagnostic Observation Schedule – 2 von C. Lord, M. Rutter, P.C. DiLavore, S. Risi, K. Gotham und S.L. Bishop (Module 1–4) und C. Lord, R.J. Luyster, K. Gotham und W. Guthrie (Kleinkind-Modul). Huber, Bern

Remschmidt, H. (2012): Autismus. Erscheinungsformen, Ursachen, Hilfen. 5. Aufl. C.H. Beck, München

Remschmidt, H., Kamp-Becker, I. (2007): Das Asperger-Syndrom – eine Autismus-Spektrum-Störung. Deutsches Ärzteblatt 104 (13), 873–882

Sautter, H., Schwarz, K., Trost, R. (Hrsg.) (2012): Kinder und Jugendliche mit Autismus-Spektrum-Störung. Neue Wege durch die Schule. Kohlhammer, Stuttgart

Schäfer, H., Rittmeyer, C. (Hrsg.) (2015): Handbuch inklusive Diagnostik. Beltz, Weinheim

Schirmer, B. (2016): Schulratgeber Autismus-Spektrum. Ein Leitfaden für LehrerInnen. 4. Aufl. Ernst Reinhardt, München

Schor, B., Schweiggert, A. (Hrsg.) (2001): Autismus – ein häufig verkanntes Problem. 2. Aufl. Auer, Donauwörth

Staatsinstitut für Schulqualität und Bildungsforschung (ISB) (2015): MSDkonkret. In: https://www.isb.bayern.de/download/18207/hinweis_s.11_isb_msd_konkret_1.pdf, 31.5.2019

Theunissen, G. (Hrsg.) (2016): Autismus verstehen. Außen- und Innensichten. Kohlhammer, Stuttgart

Theunissen, G. (2014): Menschen im Autismus-Spektrum. Verstehen, annehmen, unterstützen. Ein Lehrbuch für die Praxis. Kohlhammer, Stuttgart

Theunissen, G., Kulig, W., Leuchte, V., Paetz, H. (2014): Handlexikon Autismus-Spektrum. Kohlhammer, Stuttgart

Theunissen, G., Sagrauske, M. (2019): Pädagogik bei Autismus. Eine Einführung. Kohlhammer, Stuttgart

Trost, R. (2010): Verbreitung und Nutzung von Gestützter Kommunikation in den Schulen Baden-Württembergs. In: Alfaré, A., Huber-Kaiser, T., Janz, F., Klauß, T. (Hrsg.): Facilitated Communication. Forschung und Praxis im Dialog. Loeper, Karlsruhe, 148–168

Tuckermann, A., Häußler, A., Lausmann, E. (2012): Praxis TEACCH. Herausforderung Regelschule. Unterstützungsmöglichkeiten für Schüler mit Autismus-Spektrum-Störungen im lernzielgleichen Unterricht. Verlag Modernes Lernen, Dortmund

van Elst, L.T. (Hrsg.) (2012): Das Asperger-Syndrom im Erwachsenenalter. Und andere hochfunktionale Autismus-Spektrum-Störungen. Medizinisch Wissenschaftliche Verlagsgesellschaft, Berlin

Vllasaliu, L., Jensen, K., Dose, M., Hagenah, U., Hollmann, H., Kamp-Becker, I., Lechmann, C., Poustka, L., Sinzig, J., von Brisinski, I., van Elst, L., Will, D., Vogeley, K, Freitag, C.M. (2019): Diagnostik von Autismus-Spektrum-Störungen im Kindes-, Jugend- und Erwachsenenalter: Überblick zu den wesentlichen Fragestellungen und Ergebnissen des ersten Teils der S3-Leitlinie. Zeitschrift für Kinder- und Jugendpsychiatrie 47, 359–370

Vorholz, H., Mienert, M. (2012): Von der Elternarbeit zur Erziehungspartnerschaft. Wie die Zusammenarbeit mit Eltern gelingen kann. In: http://elternbildung.net/img/events/Erziehungspartnerschaft20102012.pdf, 1.6.2019

Weidenhiller, P., Gebhardt, M., Gegenfurtner, A. (2018): Der Schulbegleiter muss vom Typ her offen sein. Eine Interviewstudie zur Kooperation zwischen Lehrkräften und Schulbegleitern im Gymnasium. Spuren – Sonderpädagogik in Bayern 61 (1), 34–40

Werner-Frommelt, A. (2017): Nachteilsausgleich. In: Noterdaeme, M., Ullrich, K., Enders, A. (Hrsg.): Autismus- Spektrum-Störungen (ASS). Ein integratives Lehrbuch für die Praxis. Kohlhammer, Stuttgart, 383–390

Weiß, S., Kiel, E., Markowetz, R. (2017): Herausforderungen im Förderschwerpunkt geistige Entwicklung aus Sicht von Lehrenden: Eine Analyse mit der Methode kritischer Lebensereignisse. Empirische Sonderpädagogik 9 (3), 258–276

Sachregister